李家同談教育

————————————————

希望有人
聽我的話

李家同／著

任何孩子都可以教好的一代

　　我們的教育有沒有問題，很多人會說有問題的，我曾經碰到過一位女士，她很嚴肅地告訴我，她要將她即將進小學的孩子送到美國去，因為在她看來，我們的教育實在太可怕了。我於是問她究竟我們的教育壞在哪裡，她一時答不出來，我又問她，美國教育好在哪裡，她說美國教育崇尚自由，崇尚創意，學生無須死背，無須害怕考試。於是我借了一張紙，畫了一個電子線路給她，告訴她這是我當年在柏克萊唸書時被考的一個題目，將來她的孩子唸大學的時候，一定也會被考這種題目的。她當時一臉困惑的表情，她以為在美國唸書，沒有人來考你的，你可以好好地發揮創意。

　　究竟我們的教育好不好？在最近的一次國際性高中生測驗中，我國學生的科學成績全世界第四，523分，僅

僅落後於芬蘭、香港和加拿大，數學是全世界第一，549分。

從以上的紀錄來看，我們的教育的確不錯，但我們的教育真的沒有問題嗎？在我寫這篇序文的時候，我忽然收到一份文件，原來我們國家快要開全國教育會議了，我看了一下大綱，發現這次會議有十大主題，每一主題有四至六了題，一共有五十二個子題，真是洋洋灑灑，內容豐富。至於參加會議的人士，一定又是各大學的校長以及林林總總的教育界人士，開幕時一定又有總統致詞，兩天之內，會議就要圓滿結束，我國的教育又將向前跨一大步。

可是，在民國八十三年，我國也有過一次轟轟烈烈的全國教育會議，也通過了教改，那次會議以前，還有一次410教改大遊行。那次教改的口號是「快樂學習」，問題是：我們的學生快樂嗎？

有一次，我到台北市的一所高中去演講，這所高中的

校長請我多給同學們一些鼓勵，因為他們在考場上不是很順利，我問他他們在基測考多少分，校長說他們的分數都高於375分（400分為滿分），這實在令我感慨萬千，因為我知道，對很多偏遠的地區，連275分都是得不到的。而這些孩子，考到如此高分，居然還不快樂，顯然教改並沒有達到目的。

但是，我卻又看過很多快樂的孩子，他們多半是偏遠地區的孩子，他們的父母不給他們壓力，他們的老師也不給他們任何壓力。他們也不太知道唸書的重要性，他們是快樂的，但不學習。

我總記得，有一次，我去一所偏遠地區的國中，看到一位看上去很聰明的孩子來看佈告，我就問他"father"如何拼，他一臉茫然，當然他也不會拼"mother"，最令我難過的是他竟然不會拼"am"，也不知道"was"這個字。但是他一點也無所謂，絲毫不知道他應該會拼"father"的，因

為他已經是國中一年級的學生了。

　　孩子快樂與否，也許不重要，對辦教育的人來說，最重要的是孩子究竟學會了沒有？我們的孩子們絕大多數是學會了不少的東西，但是不幸的是：很多孩子什麼都沒有學會。這些孩子，雖然小時候快樂得不得了，從不會被爸爸媽媽罵，但是大了以後，一切都反過來了，他們變得不快樂了。

　　也不是只有偏遠地區的孩子功課不好，很多城裡的孩子也有程度甚差的。在偏遠地區，大家功課都不好，所以孩子一直都是很快樂的，但是，假如一個弱勢家庭小孩子到了國中以後，因為無錢去補習，和其他同學完全無法相比，在班上，是功課最差的孩子。

　　孩子功課遠遠落後，再加上是弱勢孩子，常常有可能有非常不好的後果，我們不妨想想看，這類孩子會變得怎麼樣？

（１）他很可能被黑道所吸收，而變成了社會邊緣人，絕非我在此危言聳聽，我們報紙上常常報導黑道進入校園的新聞，黑道大哥出殯，送葬的行列中會出現很多好年輕的小孩子，他們有時會替大哥討債，有時會幫他們打架，最嚴重的是替毒犯服務，自己也染上了毒癮，沉淪到了萬劫不復的地步。

（２）他雖然沒有和黑道發生關係，但是國中畢業以後，也找不到好的工作，結果是和同類的青少年呼朋引伴地出去飆車，有時糊里糊塗地闖下大禍。

（３）他沒有做任何不好的事，但是國中畢業以後，無法升學，因為沒有競爭力，他一輩子都過得很辛苦，工作時有時無，收入僅夠餬口，他也許結了婚，但是無法給他的孩子很好的教育，他的下一代又是窮困的一代。

（４）他繼續升學，但是因為程度實在太差，即使唸了大學，也無法和其他程度好的同學比，拿到了大學文

憑，也戴了方帽子，找不到什麼好的工作。

我們國家實在應該注意孩子功課不好的問題了。如果我們很多孩子在國中時跟得上功課，黑道能夠吸引的孩子將大幅降低，我們的高中和大學不會有程度太差的學生，我們整個國家的競爭力將會大為提高。如果我們國家無法幫助這些弱勢孩子，這些可憐的孩子長大以後，又是弱勢，我們國家將永遠有貧富不均的現象。

可是，我有資格談教育嗎？我能提出建議來幫助弱勢孩子嗎？我不敢說我有偉大的想法，但我的確和很多教授不同，因為我不僅在教博士生，我還在教小學六年級的小孩子。在目前，我有兩個小學六年級的孩子，八位國中一年級的孩子，一位國中二年級的孩子和一位大學生，主要教的是英文和數學。

就以六年級的孩子為例，我知道他到國一要學代數，我就教他代數，現在已經教到了一元一次方程式，為什麼

我能輕而易舉地教小學生代數呢？我的祕訣說出來一錢仆值。我從最簡單的教起，一開始的時候，我只教 $x+2=3$ 或 $x-1=5$ 這種方程式，會解這種方程式以後，我再教 $2x=3$，$3x=-5$，這種會了以後，我就可以教 $\frac{1}{2}x+3=\frac{-5}{2}$，$\frac{-2}{3}x-2=\frac{7}{2}$。到了最後，我可以教 $\dfrac{\frac{1}{2}(x-\frac{1}{3})}{\frac{2}{3}(x+1)}=\frac{5}{2}$。從最簡單的到這一級，一共有九級之多。

因為是一步一步來教，小孩子會一口氣學好幾種解法，對他們來說，一元一次方程式實在是很簡單的。

至於英文，我也是從最基本的教起，我一直告訴大家，英文的現在式就不容易，很多小孩子會寫出：

I like swim.

I am love you.

I not like apples.

He eat apples everyday.

Are you walk to school everyday？

我的做法是每週都給他們練習，每次有錯，必定指出而改正之，久而久之，孩子一定會寫：

I like to swim.

I love you.

I do not like apples.

He eats apples everyday.

Do you go to school everyday?

大家不要以為我同時教八位國中一年級的學生，我是「因材施教」的，這八位同學，英文分成三組，數學一開始分成兩組，後來合成一班，最近我又發現情況不妙，大概不能偷懶了，必須再分成兩組。

我還有一位大學生要我幫忙，我希望他能步我後塵，會寫程式，信不信由你，我又是在幾個月內教會了他寫程式，大家又會好奇，我是如何教的？我的祕訣有二：

（1）從最簡單的程式，第一類程式沒有If指令，當然

也沒有迴圈，舉例來說，只要輸入x and y，計算z＝x＋y，然後將z印出來。哪個孩子都會這種程式的。

第二類程式稍微複雜一點，裡面有If指令，比方說，我們輸入x，如果x＞5，則輸出x－5，如果x≦5，則輸出x＋5。以後就會要他做有迴圈的程式。

（2）我強調流程圖的重要性。也就是說，我不准他一面想一面寫程式，而是必須將程式的邏輯用流程圖畫出來，如果他畫不出來流程圖，程式當然也就寫不出來，如果流程圖畫出來了，程式當然也就寫出來了。

以下是一個簡單的流程圖：

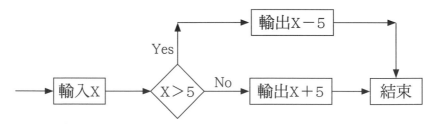

除此之外，我會有一個工作，那就是改學生的英文作文，我教過大學生英文，每週一定叫他們作一篇中翻英，

可憐的學生畢業以後，依然生活在我的陰影之下，仍然每週都要作中翻英，即使結婚，也都會作好了再去。有一位學生已經作了整整十年的中翻英，這是我在暨大的高材生，他已畢業六年了，這六年內，他大概只缺過一兩次。還有一位一直持續不斷作中翻英的是靜宜大學畢業的，他其實不是我的學生，但曾在我的校長室做工讀生，也被我抓來作，他也是作了好多年了，從不缺席。他有一位同學，有一天寫電子郵件來向我問好，被我一把抓到，現在也是每週都在作，自投羅網也。我亂抓人作中翻英，有時根本忘記了他是誰，又不敢問他。

我的英文系統是暨大發展出來的，我可以一面改，一面唸唸有詞地罵學生如何會犯這種錯，非常有趣。我的那位暨大高足的第一篇作文，錯誤百出，我留了作紀念，他有一次看了，一口咬定這絕不是他寫的，因為他不可能犯這種錯誤，沒有想到那篇修改中，我叫了他的名字，他只

好承認他當年英文實在很不好，現在當然好得多了。以下就是他這週寫的中翻英文章：

可是修女們給了老張兒子一張老張的畫像，這是一個孤兒畫的，畫得很像，將他的慈祥畫得很入神，在這張像的右下角，寫下了"Mr. Chang, 1930-2006"，表示這是老張的畫像，而且也表示他已經在二○○六年去世了，但是下面還有一句話"He lives."。

我忽然想起了老張對於英文現在式的詮釋，"He lives."是現在式，表示他將永遠活在孩子的心目中。

老張最後沒有如願以償，他仍然拿到了一張有畫像的死亡證明，最不容易的是：這張死亡證明上有現在式的句子。在這個世界上，這張死亡證明是沒有用的，但是在他進入天堂的時候，這張有現在式的死亡證明，一定有用的。

The nuns gave a portrait of Mr. Chang to his son.

It was painted by an orphan. The portrait was vivid. Especially his kindness was clearly revealed in the portrait. In the right corner in the bottom of the portrait, it was written with "Mr. Chang, 1930-2006" to indicate that it was the portrait of Mr. Chang. It also implied that he passed away at 2006. However, there was one more sentence below, "He lives".

I suddenly recalled the interpretation of present tense made by Mr. Chang. "He lives" is in present tense. It means that he will live in the hearts of children forever.

At the end, Chang didn't make his wish come true. He still got a death certificate in the form of a portrait. The rare and commendable thing was the sentence of present tense on it. In this world, the death certificate is of course legally meaningless. But when he entered into

Heaven, the death certificate with a sentence of present tense must have been meaningful.

這是一個活生生的例子，我可以擔保，如果我沒有教他，他會寫出很可怕的英文句子，我教了以後，他會好得多。教不嚴，師之惰也，古人說得一點也不錯。

說了這麼多，無非希望大家知道我是有教學經驗的人，也很少人像我這樣對教學如此有興趣，也就因為我教過各種學生，我認為我有資格談教育。

如果要問我最擔心我國教育的哪一方面，我要說「教育上的差距」。更使我擔心的是社會對於教育差距的漠不關心，以及不知如何可以縮短差距，我雖然不能保證我能解決這個問題，我仍然要將我的經驗告訴大家，讓大家知道任何孩子都可以教好的，不要責怪孩子不用功，該檢討的是我們自己。

我這本書裡的想法，其實早就表達過了，比方說，偏

遠地區的小學沒有足夠的英文老師，我講過幾百次了，無奈沒人理我，昨天我到了一所相當偏遠的小學去演講，那所小學的英文老師是臨時請的，每年換一個，那裡的老師們都感到很難過，因為他們無法將孩子的英文教好。

就因為沒有人理會我，我只好寫這本書，希望有權力的人能夠看到這本書，總不能讓我們弱勢的孩子們繼續是社會上教育程度最差的孩子。

請大家知道：任何孩子都可以教好的，但我要在此提出嚴重的警告，如果我們不知道每位孩子的程度，也因此不因材施教，弱勢孩子將永遠是弱勢的。

李家同

目次

第一章

我國教育
現況

一、大學生倍增，小學生銳減。

依教育部統計，台灣大學院校數量近年來明顯增加，由民國75年的16所大學與12所學院，增加到現今的105所大學與44所學院，數量增加了五倍之多。但是，75年不論大學或學院公私立大致各半，到了今天，私校明顯增多，私立大學占了63所，公立41所。學院方面，私立35所，公立8所。

台灣大學生人數十年來也大幅擴增，民國89年的時候大學生只有約53萬人，直到民國98年增加到105萬人，增幅近一倍。

研究所學生增加的速度更不得了，由民國89年到98年，碩士生由7萬多，增為18萬多人；博士1萬多增為3萬多人，也增加了三倍多。

大專院校技職體系學生，民國89年，技職生約40萬

人，到了98年，為10萬人。

至於高職生與一般高中學生的數量也有明顯消長的現象。民國89年，高職學生有42多萬人，以後一路下滑，到目前只剩下35多萬人。反觀高中生則由31多萬人，增加到今天的近40萬人，增幅很大。

但是，國中小學生的數量近年來一年比一年少。在民國83年以前，台灣尚有超過200萬名的小學生，到了89學年學生有190多萬人，但以後一路減少到民國98年只剩約不到160萬人，十年之內遞減約30萬人；國中生也是跟著減少，民國88年，打破100萬人，減到今天，剩下約95萬人，少子化的影響異常明顯。

依最近（2010年1月）資料顯示，台灣目前各級學校的數量與學生詳細數目分別如下兩表：

1.各級學校數量表

各級學校	總計	公立	私立
小學	2658	2621	37
國中	740	723	17
高中	330	185	145
高職	156	92	64
專科學校	15	3	12
學院	44	9	35
大學	105	42	63

2.各級學校學生人數表

各級學校	總計	公立	私立
小學	1593414	1563379	30035
國中	948634	857049	91585
高中	403183	272811	130372
高職	354608	131173	223435
專科學校	108555	11699	96856
學院	167870	31174	136706
大學	1060167	387435	672733
碩士班	183401		
博士班	33751		

二、我國教育上的重大缺點：教育差距甚大，呈M形發展的趨勢

學生教育程度的差距太大呈兩極化的發展是我國教育的重大缺點。

以97年的基本學力測驗結果來看，所謂的明星高中的最低錄取分數，與後段的高中職最低分相差非常大。如建中要295分、北一女293分、師大附中293分、台中一中289分、台南一中280分、高雄中學287分。

至於後段的高中職分數只要20到30分，這不是一科的分數，而是基測五科加上作文的成績。以民國97年的高中基本學力測驗為例，第一次共有31萬餘人應考，結果PR（百分等級）達99的人，有3347人，但PR在10以下的有3萬多人，他們的分數大多數是在20到30分之間。

3.97年高中基測成績表

		97年
報名人數	第一次	317,928
	第二次	159,302
第一次學測成績 分布人數 （以PR值分組）	99	3,347
	98	6,682
	97	10,160
	96	13,216
	95	16,241
	90	32,437
	85	48,650
	80	64,562
	75	80,625
	50	159,438
	25	238,899
	10	286,391

一般人以為公立學校學生程度應不差，但現在有些只要30多分的基測成績就可以進入很多偏遠地區的公立高職。這種分數幾乎可以說全是用猜的，與零分沒有太大差別。所以有些學校來者不拒，零分也照樣錄取，如今甚至連台北市也出現了這種情形。

　　依據教育部的統計民國95年的國中基測英語成績，也發現了雙峰現象與城鄉差距的問題。該年英語科全國平均成績為29.94分，比這個分數高的縣市只有「北一區」、「台南區」與「高雄區」等三區，分別為36.07分、30.34分、30.3分；成績最低的縣市全部都是偏遠地區的縣市。

　　全國只有台北市是高分群人數多於低分群人數，其餘縣市都是低分群人數多於高分群人數。低分群學生的成績多集中在15分左右。

　　至於作為大學入學依據的學科能力的測驗，總級分為75，學生表現的差距也非常大。接近零級的學生與滿級分

的都人有人在。接近滿級分的學生都可以進入他心目中理想的大學，但由於大學招生名額太多，大批弱勢學生重演國中升高中職的戲碼，能以極低的分數進入大學念書。

以97學年度的學科能力測驗的成績分數公布情形來看，各科最高分是15級分，以5級分為標準，來察看各科沒有超過5級分的考生百分比：國文4.09%、英文22.72%、數學47.17%、社會3.8%、自然12.67%。

所謂5級分，是指原始分數25分至30幾分之間，試問，有一半的學生數學沒有考到30分，有22%的學生英文也沒有考到30分，這難道不嚴重嗎？學生沮喪的程度可想而知。

這次考試又看出了英文的雙峰現象，英文分數中考到11到13級分的有27%，但是也同時有21%的考生分數在3級分到5級分之間，這實在是應該令我們感到憂心的。

此外，令人擔心的是，城鄉的差距又加大了學生程度

上的M形發展。以台大為例，其新生近八成集中在台北、台中、高雄、台南等都會區的明星高中，而台北市高中生最愛讀台大，占總數53%。以學校來看，高度集中在明星高中，建中、北一女、附中等前十名學校就占了62%。偏遠、離島的社區高中生，只占了一兩個名額。

再以國中的基本學力測驗來看，也發現學生程度在地域上的差距越來越明顯，例如新竹縣的一些偏遠地區，民國97年基測的平均分數分別只有74.5分與65分。其他許多偏遠地區國中，平均100分都不到，許多只有20多分。因此在很多偏遠地區的若干公立高中，基測只要100分多一點的分數即可入學。

反觀台北市國中每班能考上前三志願的學生高達6至7人的比比皆是，某私立國中經常一班就有接近10名考上第一志願，號稱全國第一。兩年前的基測在升學競爭上並不是很有名的市立南門國中，在400多名畢業生中就有20多

名的PR值達99，其他所謂明星級公立國中的成績，更不是偏遠地區的學生可以比的。

2010年起，基測包括國文、英文、數學、社會、自然五科，每科80分，作文滿分12分，總分為412分，分數比往年提高100分以上，以建中402分的錄取分數來看，等於只能扣10分。北基區學生基測考到288分以下就算是不太好的了，要上公立高中分數要288分以上，PR值要近80，以偏遠地區的學生來說，要達到這種分數實在不易。

三、教育差距使貧富變成世襲

根據主計處民國97年的統計資料顯示，近八年台灣地區不同教育程度勞動者的平均月薪依舊與教育程度有明顯相關。大學以上雖然近年來有下滑現象，但大致維持在4萬元左右，專科學歷者在3到4萬元之間，高中則在3萬元左右，至於國中在2到3萬元之間。

由此統計得知，低收入的人常也是低學歷的人。令人擔心的是，窮人的下一代，一般來說，功課也是不好的，比方說，南投信義鄉的收入是低的，他們的下一代，國中生的程度也差得不得了，下一代功課不好，等到長大了還是沒有競爭力，收入依舊不好。教育的差距使得貧富的差距永遠存在，甚至於還會加大。不僅如此，令人擔心的是，變成了世襲，窮人好像永遠翻不了身。

　　低收入的人常是教育程度差的，不管是住在信義鄉，或是雲林等偏遠地區都一樣。他們下一代的教育程度，一般來說，也差人家很遠。窮人的下一代，教育程度差，將來長大了，依舊是沒有競爭力。窮人要翻身一定要靠教育，但他們現在接受的教育還是落後，因此前途很不樂觀，窮人可能永遠是窮人。

　　我們必須知道，我國的小學生絕大多數進的是公立學校，大家所做的學習應該是一樣的，為什麼會有程度上如

此大的差距呢？原因很多，簡單地說：一個孩子所受的教育，並非完全來自他所就讀的學校。試想，假如一個小孩子數學作業不會做，而他的家人數學很好，他的家人可以幫他的忙，英文不懂，家人也許又可以幫他。這孩子的家庭經濟狀況多半很好，因此家人又可以送他進補習班或者替他請家教，他念書當然就不吃力了。遺憾的是，我們國家有好多弱勢的家庭，他們的孩子作業不會做，沒有家人能幫他的忙，也無法送他進補習班，難怪他的學業程度遠遠落後於上述的另一個孩子了。

我們的教育界對於程度不好的孩子並沒有真的很關心，也不太瞭解為什麼他們程度不好，在以下的章節中，我要仔細地討論弱勢孩子為何功課比較跟不上。

第二章

孩子功課不好
的原因

一、回家不做功課

　　小孩子功課不好，最重要的原因莫過於回家不做功課。舉例來說，我們在學校裡學了不少的數學，如小數點除法，對小孩子來講，這不容易，因為除法本身就不容易，我們必須要會一點心算，再加上究竟在何處放上最後的小數點也不容易弄清楚。我記得我小的時候就為了這個小數點除法困擾不已，虧得老師出了習題，我做了那些習題，慢慢地我就學會了。如果我不做習題，我想我有可能到現在還是不會做小數點除法。

　　英文更是如此了。我們的孩子如果在上課時學會了a、b、c，回家卻完全不練習讀a、b、c，也不寫a、b、c，一星期以後，再上英文課，一定什麼都忘掉了。

　　為什麼不做功課呢？因為父母常常不在家，一種可能是父母晚上要做工，例如父母開麵店，晚上不能休息，小

孩子則沒有人管，另可能因為住的家鄉沒有工作機會，而必須外出，如新竹尖石鄉父母親在家的非常少，大多數都離開了。

父母即使在家，也不太知道孩子是要做功課的，因為他們過去沒有這個習慣，有的父母即使有心，通常也幫不上這些小朋友，因為他們自己的程度也不高，更重要原因是，小朋友沒有辦法進補習班，沒有辦法請家教。許多鄉下是根本沒有補習班的，比方說到了南投縣山地，就絕對沒有，家教更是沒有。稍微好一點的地區，是有補習班的，但因為多數人沒有錢而沒有人去。例如新竹鄉下仍有補習班，但人少得不得了，當地小朋友很多，但沒有錢念。

回家不做功課的孩子，大多數都是弱勢家庭的孩子，台北的教育家很少人知道，我們的國家有眾多的孩子是放學以後就去玩耍的。對教育家來說，我國的孩子回家以後

的作業太多了，不少的小學生每天要做作業，一直做到晚上十一點鐘才能睡覺，實在太不正常，所以教改提出一個口號，叫做「快樂學習」，因為教改人士覺得孩子們書念得如此辛苦，當然不快樂。他們不知道，在偏遠地區，很多小孩子在小學的時候非常的快樂，因為他們根本不學習，試想，一個小孩，每天放學以後，就在家附近玩得不亦樂乎，他當然很快樂，但是功課實在就好不起來了。

我們不妨注意一下那些功課不錯的孩子，看看他們回家以後有沒有做作業，我相信幾乎百分之百的這類孩子一定都是有做家庭作業的，反過來說，功課不好之中，絕大多數是回家就去玩耍了，這些孩子，雖然有個快樂的童年，但往往有不快樂的成年。

二、文化刺激太少

窮人沒有錢買書，以聯經出版為例，城鄉與南北就有

很大的差異，以民國97年1到10月的銷售量來看，台北市縣差距就很大，北市共賣了11萬餘本書，以人口來算比率超過千分之四，而北縣只賣了3萬3千多本，比率不到萬分之九；但能賣到雲林縣的更少，只有2千6百多本，比率不到萬分之四，南投縣雖有3千6百多本，比率也不到萬分之七。用書與人口的比率來看，各地文化刺激就差很遠。

讀書風氣也是問題，許多人本來就沒有看書的習慣，也不能怪他，因為從前可能沒有人告訴他看書的重要。其實整個國家的讀書風氣都不夠好，窮人更是如此了。

此外，我們至今沒有替國中及小學編列圖書經費，即使有，也不是經常性的。因此如果我們到鄉下去看看，很多小學是沒有像樣的圖書館的。這是因為圖書經費如打擺子一樣，今年突然有，明年就忽然又沒有了。而台北市的學校都有不錯的圖書館，因為台北市可以以經常性的經費給小學和國中購買圖書。

如果家長沒有看書的習慣，孩子當然也不看書，很多人以為這只會影響他的作文能力，其實他的數學也會因此學不好的。學生有時看不懂數學題的原因是看不懂數學應用題。不知何時，我們提出了一個數學生活化的口號，數學生活化後，有些數學題目長得不得了，小孩子平時書看得不多，一下子看到很長的題目，一定會害怕。

　　例如以下是來自坊間的小學六年級上學期的數學題目：

「噹！噹！噹！……，鐘響12下。灰姑娘急急忙忙的奔離城堡，不小心掉了一隻高5.5公分的玻璃鞋。傷心的王子為了找回美麗的灰姑娘，立刻命令臣子去找可以穿得下玻璃鞋的女子。由於灰姑娘穿下這隻玻璃鞋後，她的軀幹和身高恰巧為黃金比例，也就是身高是100公分，軀幹是62公分。現在有阿珠、阿花、阿香三人試穿玻璃鞋，阿珠身高是155公分，穿了玻璃鞋的軀幹長是$94\frac{1}{2}$公分，而阿花

身高是125公分，沒穿玻璃鞋的軀幹長是77.5公分。阿香身高是160公分，沒穿玻璃鞋的軀幹長是93.7公分。算算看，哪一位才是真正的灰姑娘？」

請注意這是小學六年級的題目，孩子看了以後，會不害怕嗎？其實它只要你算三個除法，但是將問題弄得如此之長，如果你平常書看得不多，一定搞不清楚這是怎麼一回事。

另一是國中一年級上學期的數學題，題目也非常長：「華華、惠惠、佳佳三人比較擲飛鏢，下面是三人的對話。惠惠說：『我的分數是華華的兩倍。』佳佳說：『我比華華多5分。』華華說：『惠惠擲3次，佳佳擲4次，我才擲2次，而且妳們兩人平均每次的得分相等。』請問三人擲飛鏢的總分是多少分？」

這個題目不是長的問題，恐怕很多孩子根本不知道題意，而且這裡面的「我才擲2次」，是沒有意義的，將一句

沒有意義的句子放入數學題目是可以的，但是只有程度好的學生可以決定不理這句話，我相信大多數學生都無法作此決定的。我看到這個題目以後，曾經被「我才擲2次」困擾了好久，不知如何利用這句話，國中一年級的學生如果能一眼就看出這句話的多餘性，那真是天才了。

有一次，有一位數學老師在考試以前，請來了一位國文老師，這位國文老師先解釋每個考題的題意，解釋完了就離開，學生才開始作答，果真這次同學們考得好得多。可見孩子數學不好，往往是閱讀能力不夠的原因。

閱讀不夠，孩子念書往往事倍而功半。不要說數學題目看不懂，就連公民社會這類的課程，很多孩子讀了半天，就是抓不到要領，也就是他極有可能抓不到課文的重點，當然以後也就考不好了。對於公民與社會考不好的孩子，我們通常以為這是他們不用功所造成的，而不知道有些孩子並非不用功，他們看了書，但沒有抓到重點，看了

等於沒看。

　　怎麼知道孩子看書抓不到重點呢？最簡單的方法是給孩子看一則福爾摩斯探案，然後請他將大偵探破案的關鍵寫下來，抓不到重點的孩子寫不出那些線索的。我們的國文教育通常會強調學生懂不懂生字和片語，而忽略了學生究竟能不能抓到文章的要義。

三、英文無法學好

　　至於英文教育，窮人也遠遠落後於有錢人家的孩子。很多偏遠小學沒有正式的英文老師，有一個地區的14所小學有專業背景的正式英文老師只有6名，其他10多個，都沒有專業背景，要靠大批的代課老師甚至替代役應付學生的需要。此外，有的學校一週上兩次40分鐘的英文課，很多一週只上40分鐘，這些偏遠地區的孩子回家又無法練習，等於沒有學。因為只上一次，下次就忘了，再上課有

如原地踏步。

　　由於學校沒有能力分班，很多學生到了國中時，英文根本跟不上。博幼基金會在南投縣偏遠地區輔導學生功課，小學生沒參加課輔前的英文程度，大約都是停留在字母階段，有些上國中時連字母都要重新教。若是參加課輔，大部分的學生上國中時都可以說出簡單的句子，會背一些單字。這些國中生如果沒有博幼基金會為他們補習的話，他們會差到什麼程度？大概mothcr和father都不會。I am與You are也不會。到了國中英文難了，生字多了，英文差的小朋友最後放棄了英文。

　　反過來看，台北市很多小朋友小學、安親班都在學英文，幼稚園也教英文，這類從小念英文的小朋友越來越多，由於偏遠地區小朋友沒有這個機會，最後考試就呈M形化發展。

　　偏遠地區的孩子英文無法學好的主要原因在於課太

少，我親自去訪問過很多非常偏遠地區的小學，那位老師是全校唯一的英文老師，所以他一週只能給孩子上一堂英文課，但是這些孩子的父母是不會英文的，所以他們回家以後不會問爸爸媽媽英文，也沒有補習班可上，更沒有家教可請，當然學不好了。

小孩子英文的好壞，和父母的教育程度有很大的關係，父母教育程度高的孩子，多半不怕英文，一來是回家有人可問，二來父母有時無意中會用了英文字，孩子因此會在生活中學會很多英文字，也比較會聽得到英文的句子。

不要說偏遠地區，即使在台北市，小學生的英文程度也有很大的差異。並不是每一個台北市的孩子都有錢進補習班的，英文課的老師極有可能放棄那些沒有上補習班的學生。

我曾教過一位弱勢孩子，他那時已是高中生，但英

文程度實在很差，但是被我一教，就進步了很多。他告訴我，他上國中一年級，全班只有二位沒有上過補習班，他是其中的一位，因此完全跟不上其他同學。

英文不好，對孩子的受教育有極大的負面影響，首先，他幾乎不可能考上好的學校，不僅如此，將來念大學，很多課都要用英文教科書，英文不好的同學，看這些英文教科書，當然一定非常吃力。而且常常要用英文寫論文，英文不好的學生，簡直無法用英文寫論文。

至於將來進入職場，問題就更大了，很多大公司在雇用員工的時候，都要考英文，如果你的專業程度相當好，但英文不好，也不容易找到好的工作的。

四、義務教育完全沒有品質管制

我國對於義務教育，完全沒有品質管制，程度再差的學生也能畢業，因此許多學生功課差得不得了。

我曾經教過一個學生，發現他的英文幾乎什麼都不會，但他已要進國中一年級了，我就去看他的成績單，發現他歷年來的英文成績都是乙，他的監護人因此不知道他的英文等於沒有學。

　　又一次，有一位高中老師寫信給我，告訴我他全班學生都不會分數加法，他後來說服了學校的教務主任，完全放棄一般的高中數學課本，而從四則運算教起，他的學生忽然發現數學一點也不難，因為一旦四則運算學會了，代數也學會了，他的學生雖然比不上建中、附中的學生，但是都能趕上高中數學的最低程度了。

　　所謂品質管制，並非留級，而是要知道學生的程度在哪裡，然後就從那裡教起。我們不該要求學生有極高的程度，但基本的一定要會。以數學來說，如果連正負數都弄不清楚，將來是無法學代數的，如果我們知道了學生的程度，我們可以從他不懂的地方教起。

有一位國中校長告訴我，他做了那所國中校長以後，發現他們學校裡有一位國中三年級的學生，居然不認得字，也因此有嚴重的自卑感，因為他看電視的時候，完全看不懂字幕，上課看不懂黑板上寫的是什麼，課本對他來講，毫無意義。這位校長決定親自教他認字，半年以後，這位學生在校長的愛護之下，進步神速，已經可以看報了。可惜這位學生畢業了，如果他繼續留在這所學校裡，學業程度會好得多。最值得注意的是這位學生所念的小學都是非常小的學校，為什麼那麼多當年教他的老師不能對他的程度加以檢核，乃是不解之謎也。

　　我們最近國家發生低分可以進大學的事，很多學者認為高中必須把關，其實高中把關，為時已晚，即使國中把關，也都太晚了。我們必須在小學就注意學生的程度，以算術來講，小學二年級的學生就應該會減法了，但是我的確看到學生在四年級還不會加法，五年級學生不會減法，

這都是我們的制度所造成的問題。

我們不必要求每位學生都功課非常好，但我們不能讓學生連最基本的程度都達不到，我說的品質管制，無非就是要求每位學生達到最低程度。

很多人認為我們小學是義務教育，因此不可以留級，當然也一定要讓孩子畢業。我不懂這種想法根據何在。

更有很多人對紙筆考試極為反感，認為考試領導教學，我國學生的考試已經夠多了，不能再強調紙筆考試了，我只能這樣說，如果不用紙筆考試，我們能夠知道學生會不會數學嗎？紙筆考試如果考容易的題目，孩子不該怕的。

五、小學教育有時太多元化

有些教育工作者對於弱勢孩子的學業低成就視為當然，認為偏遠地區的小孩，功課不好是自然的，而決定不

妨採多元教育，我是非常非常反對的，因為不能讓這些小朋友只要會唱歌、會跳舞，有多少小朋友可以靠唱歌、跳舞謀生的？那是少到了極點的。小朋友至少要有最基本的學業上的能力，國文、英文、數學，都不能太差。

最近，很多學校面臨被併校的危機，因為這所學校偏遠，附近沒有什麼小學生來上學了，於是教育部就要求小學要有特色，如果真的有特色，就可以免於被併校。於是很多校長想出各種花招來強調特色，這些特色可能強調戶外教學，也可能強調創意，在原住民地區的小學，很多小學特別注重孩子的體育和音樂。這些有特色的學校雖然給了學生比較不同的教育，也使他們有比較開放的心靈，但是他們往往忽略了學生的基本程度。孩子會唱歌，會在野外求生，對昆蟲極有瞭解，男孩子會打毛線，女孩子會修腳踏車，當然都是好事，但是，他們總該知道最基本的算術規則。

也有很多的學校想出各種特殊的方法來教小孩子，舉例來說，很多學者認為孩子必須在生活中，或是在遊戲中，才能學習。最典型的是美國的芝麻街教學節目，芝麻街裡面有一隻大鳥，孩子在和大鳥遊戲中學習，但是，我們真能從遊戲中學習如何做分數加法嗎？我們要教孩子分數加法，必須從因數分解教起，教了因數分解，我們才能教最小公倍數，教了最小公倍數，我們才能教通分。試想，這些教學的過程能夠在和大鳥遊戲中學到嗎？

　　最近，有很多小學一再強調小孩子要有創意，也要有獨立解決問題的能力，這談何容易？小學生連幾何代數都不會，在科學上如何可能有創意？至於在藝術上的創意，又是要有天分的。要獨立解決問題，也要有相當程度的學問，比方說，手機壞了，小孩子能修嗎？校方一再強調這些特色，往往忽略了孩子的基本能力，絕對是害了他。

　　我們必須注意一件簡單的事：有沒有將孩子的基本學

問教好？不論我們的教育多麼地具有特色，只要我們的孩子數學不好或者英文不好，我們就是對不起我們的孩子。

六、孩子不知道念書的重要性

有很多偏遠地區的小孩子不很認真地念書，照道理，老師應該告訴他們這樣是不行的，因為你們將來長大成人，總要有一些最基本的程度，否則你們很難和別人競爭的，但是，遺憾的是：有些老師並沒有向這些學生灌輸這些觀念。

為什麼偏遠地區的老師不向孩子強調念書的重要性？我想最重要的原因是他們習慣於看到偏遠地區的孩子不用功的，我常常聽城裡老師說，鄉下老師好可憐，因為鄉下孩子好難教，他們只會爬樹和游泳。一旦老師們有了這種想法，他們大概就不太會關心孩子功課好不好了。

很多孩子之所以用功，是因為家長的要求。國人大多

數父母都望子成龍，望女成鳳，孩子因此也就從小被要求要好好用功。事實上，這種要求往往是過分的，導致我們眾多的孩子被功課壓得喘不過氣來。偏遠地區的父母對於自己的子女往往沒有這種要求，這是由於他們沒有這種傳統，他們自己當年所受到的教育不高，因此也不知道自己的孩子在學業上極有問題，有的家長好像知道自己的孩子程度比不上城裡很多的孩子，卻誤以為鄉下的孩子本來就天資不好，功課比不上人家是很自然的事。

政府官員和很多學者也有這種心態，所以他們才會鼓勵偏遠地區的教育不妨多元化。我不知碰到多少位學者，都認為教偏遠地區孩子數學是緣木求魚，絕不可能有成就的，他們都說偏遠地區的孩子應該在體育和音樂上求發展。這種想法，使偏遠地區的孩子不太感受到必須用功的壓力。

關於這一點，最好的例子是我們的某些職棒選手的

故事，他們做了一些不好的事，事後媒體發現這些運動員往往程度極差，如果從運動的職場上退下來，將毫無競爭力，媒體紛紛說這些運動員天生就不愛念書，所以才程度如此之差，這種說法，極不公允，因為天下那有喜歡念書的孩子？我念大學的時候，偶爾有教授臨時請假，同學們都會歡聲雷動，我小的時候雖然也愛玩，但自己知道基本程度不能沒有。當年這些運動員小的時候，被人發現有運動細胞，就鼓勵他們往這方面發展，而完全忽略了功課，當時，好像使他們的潛能得以發揮，最後仍然是害了他們。

七、小學數學太雜也太難

小學生該學什麼樣的數學？在我看來，小學生學的數學應該是為了替日後的數學打下基礎，這樣就夠了，如果小學生感到要學的數學項目太多，題目又太難，他會感到

非常的沮喪，也極有可能對數學產生恐懼感。

首先我要埋怨的是：小學要學的數學項目太多，小學六年級的學生就要學直角三角形、平行線、圓周率、座標、一元一次方程式等等，這實在太過分了，簡直就是在嚇小孩子。

我在小學的時候，這些東西一概不會，直角三角形、平行線、圓周率全部屬於幾何，我是在國中時才學幾何，因此直角三角形、平行線、圓周率等等觀念到了國中才學到，座標則是屬於解析幾何的範圍，我在高中才學解析幾何，因此我在高中才知道座標是怎麼一回事，一元一次方程式，我在小學裡，連聽都沒有聽過。我雖然在小學沒有學過這些玩意兒，顯然也沒有問題，因為我後來什麼也都學會了。

就以平行線來說，我看到我的學生在小六時就要懂對稱角相等，也要知道內錯角相等，他當然完全不知道為什

麼如此，只好硬背下來，因此知其然，而不知其所以然，對他來講，數學是一種極為艱難的東西。

我也看到我的學生在背圓錐體的表面積和體積，小學生有必要懂這些東西嗎？當初決定要教這些玩意兒的時候，學者們其實是希望淺嘗為止，孩子們只要知道有關幾何的最基本觀念，可是他們不知道在我國，一旦教了任何簡單的項目，複雜的項目就會接踵而來，平行線就是一個例子，當初大概是為了要教小學生正方形的，沒想到一些補習班立刻將內錯角加進來，老師們如果不教，會被家長批評為教學不力，只好也教，最後的結果是越教越難。

我最痛恨的是小學生就要懂一元一次方程式，我的一位小學六年級上學期的學生，問我如何解以下的題目：

$$已知 \left(70 + \frac{\bigcirc}{6} \right) \div 8 = 9 \quad 求\bigcirc$$

這個題目，屬於代數的一元一次方程式內容，小學生為何要懂代數，代數不是在國中才要學的嗎？我後來才發

現小學生早就在學代數了，只是有時不用X，而用〇代表未知數。每次看到這種題目，我就心如刀割，因為這種題目，只要學會代數，一下子就解出來了，沒有學過代數，這題就難如登天，那為什麼不等到國中學代數時再教呢？

我還看過一個題目：

求 $\dfrac{1}{1\times2} + \dfrac{1}{2\times3} + \cdots\cdots + \dfrac{1}{99\times100}$

問我這題目的孩子當時只有小學五年級，我告訴他，這題目的解法如下：

$$\dfrac{1}{1\times2} + \dfrac{1}{2\times3} + \cdots\cdots + \dfrac{1}{99\times100}$$
$$= \left(\dfrac{1}{1} - \dfrac{1}{2}\right) + \left(\dfrac{1}{2} - \dfrac{1}{3}\right) + \cdots\cdots + \left(\dfrac{1}{99} - \dfrac{1}{100}\right)$$
$$= \dfrac{1}{1} - \dfrac{1}{100}$$
$$= \dfrac{100-1}{100}$$
$$= \dfrac{99}{100}$$

但這個孩子說他完全不知道為什麼會有這種解法。

大家不妨看看以下小五學生面對的問題：

已知（7+○）×6＝42＋54，求○。

如果你知道乘法的分配律，應該一下子就解出來了，如果你會解一元一次方程式，這題也不難。對於一般的小五學生，這絕對太難了。

八、國文太難

我們自己的語言應該是不難的，但是我們可憐的學生一直都覺得國文是很難的。舉例來說，以下是小學四年級的國文考題：

ㄅ目的複句、ㄆ遞進複句、ㄇ條件複句、ㄈ承接複句、ㄉ排比、ㄊ譬喻、ㄋ假設複句、ㄌ因果複句、ㄍ轉折複句、ㄎ映襯、ㄏ引用。

1.（ 　 ）馬偕為了救助民眾，跋山涉水，餐風宿露。

2.（ 　 ）經過了巨大災難後，這對父子無比幸福的緊緊擁抱在一起。

3.（　）當雄象嚎叫一聲，眾象便繞著墓地慢慢行走，場
　　　面悲傷沉默。

4.（　）要是亭子可以隨身帶走，那該有多好。

5.（　）生活中不是缺少學問，而是缺少觀察的眼睛；生
　　　活中不是缺少知識，而是缺乏開啟的鑰匙。

　　下面的題目，也不容易，但這些都是小學三年級的國
文考題：

(1) 去年暑假，冠雲與家人到大陸旅行，回來之後沖洗照
　　片，赫然發現一張不可能拍到的靈異照片，這張照片
　　的景象應該是：

　　(A)四面荷花三面柳

　　(B)綠樹村邊合

　　(C)古道西風瘦馬

　　(D)三更畫舫穿藕花

(2) 平時喜歡讀書的毓珊，在《中國歷代女作家》這本書

裡，「找不到」哪位作家的相關作品？

(A)李清照

(B) 劉俠

(C)潘希珍

(D)彭端淑

我到Google上去查，才發現潘希珍是琦君的本名，孩子如何能知道，我倒要問問考官，你知道費玉清的本名嗎？

(3) 為了自然科報告的需要，婉容連上《鳥類百科大全》網站搜尋資料。請問她所打的四組關鍵字中，哪一個是「查詢不到」內容的？

(A)鴻鵠

(B)鴻儒

(C)鷗梟

(D)昏鴉

鴻儒原來不是一種鳥，我就不知道。

(4) 蘇軾與好友張懷民夜遊承天寺，請問他們「不可能」

看到什麼景象？

(A)小齋幽敞明朱曦

(B)提燈的螢火蟲

(C)在松針稀疏處閃爍的小鎮燈火

(D)慈烏夜啼

承天寺有螢火蟲，如果孩子不知道，代表他的國文不
好嗎？

以下的題目都是基本學力測驗的考題：

(5)「有無句」是表明事物有、無或存在與否的句子。例

如：「我有一個溫暖的家」，其中，「我」是主詞，

「有」是敘語，「溫暖的家」是賓語。下列何者也是

「有無句」？

(A)天下沒有不散的筵席

(B)他有次差點兒發生車禍

(C)有時候失去就是一種獲得

(D)只有白雪能襯托紅梅的嬌豔

這個題目，毫無意義，三歲小孩就會講「我有一隻貓」，或者「我是個男孩」，全國每一個時刻，恐怕都有人在講「我有……」，這些人都知道「有無句」嗎？恐怕都不知道，可見得不知道「有無句」是無關緊要的，既然無關緊要，又何必去考呢？

以下的考題也是基測的，對我而言，這實在很難：

(6) 閱讀以下短文，並回答問題：

有一貧士，家惟一甕，夜則守之以寢。一夕，心自惟念：苟得富貴，當以錢若干，營田宅，蓄聲妓，而高車大蓋，無不備置。往來於懷，不覺歡適起舞，誤破其甕。

問題：下列字詞解釋的說明，何者正確？

(A)「家惟一甕」，「心自惟念」兩句中的「惟」字，意思相同。

(B)「守之以寢」，「以錢若干」兩句中的「以」字，意思相同。

(C)「往來於懷」的「懷」字，在此當動詞用，是「思念」的意思

(D)「不覺歡適起舞」的「適」字，在此是「舒服、自得」的意思

這一題也真的是夠難的了，我雖然看懂了這個故事在說什麼，可是對於題目中所提到的幾個字，實在搞不清楚它們的確切意思，如果要我作答，我會選(D)，因為這是我唯一有把握的。問題在於我們的國文教育似乎非常強調「咬文嚼字」，對於弱勢孩子來說，國文絕對太難。

更奇怪的是：基測的國文考題中居然出現了「100％的女孩」，何謂「100％的女孩」？我至今不知道，國文

考試應該是正式的，社會上忽然流行的形容詞，是不該入國文考題的。

　　請各位看以下的基測考題：

(7) 下列文句，何者文意通暢，用詞最為恰當？

　　(A)歐陽奶奶額上的皺紋訴說歲月的無情與際遇的坎坷

　　(B)阿里山神木在風中擺動婀娜的腰肢歡迎我們回返自然

　　(C)王小姐平日濟貧扶弱，義行可風，值得大家東施效顰

　　(D)已屆而立之年的張老，退休在家含飴弄孫，其樂融融

　　標準答案是(A)。答案(C)和(D)的確有問題，(B)的問題在於神木只剩非常粗的樹幹，是不可能在風中擺動的，可是這與國文無關，而與普通常識有關，萬一某個學生從未看過阿里山神木的照片，他就不知道(B)是不對的了。可是(A)就真的文意通暢嗎？我覺得這句話相當像英文翻譯過來的，因為中文句子都是很短的，如此長的句子讀起來極不順暢，而且也有一些問題：老人的皺紋和歲月有關，但和

坎坷與否不一定有關，很多富有的老人也是滿臉皺紋的。

　　以下的國文題目，對我而言，也是相當難的，但都是國中的考題。

(8) 下列各詩句的季節，哪一項判斷正確：

　　(A)孤舟蓑笠翁，獨釣寒江雪→秋

　　(B)打起黃鶯兒，莫教枝上啼→夏

　　(C)桃花盡日隨流水，洞在清谿何處邊→秋

　　(D)四月南風大麥黃，花末落桐陰長→夏

(9)「欲窮千里目，更上一層樓」，這兩句詩有因果關係，下列何者同為具有因果關係？

　　(A)兩岸猿聲啼不住，輕舟已過萬重山

　　(B)蠟燭有心還惜別，替人垂淚到天明

　　(C)洛陽親友如相問，一片冰心在玉壺

　　(D)古調雖自愛，今人多不彈

(10) 下列那一個成語不適合形容夏天：

(A)流金鑠石

(B)沉李浮瓜

(C)草長鶯飛

(D)火傘高張

(11) 煙花三月下揚州,所描述季節與何者相同?

(A)千里鶯啼綠映紅,水村山郭酒旗風

(B)鷺飛林外白,蓮開水上紅

(C)明朝掛帆去,楓葉落紛紛

(D)孤舟蓑笠翁,獨釣寒江雪

我有時在想,究竟這是在考國文,還是在考自然?

九、英文太難

　　對於我們大多數的孩子而言，英文絕對是很難的，但是，我們可憐的孩子，常常會遭遇到不近情理的老師，這種老師會出些非常難的題目。以下的考題是國中一年級第一學期的考題：

Tracy is writing a report of hunting in Africa. She wants more ___1___ about the animals so she goes to the zoo with her parents. In the zoo, she sees elephants. They have big ears and giant feet but they look gentle. Then she sees lions. Tracy's father tells her that lions are ___2___ animals. Tracy thinks that every animal is ___3___ in some way. Tracy wonders why people would want to take their guns and hunt these animals.

1. (a) help　　(b) sleep　　(c) information　　(d) pictures

2. (a) tall   (b) weak   (c) social   (d) afraid

3. (a) right   (b) honest   (c) clean   (d) special

　　國中一年級的孩子根本英文斗大的字認不了幾個，怎麼可能認識tall, afraid, information, social, special等等的字，如何能應付這種考題？出題的老師大概知道學生不會過去式，所以文章內一概用了現在式，嚴格說起來，這是不對的。"Then she sees lions."是非常不正常的句子。

　　以下的考題是國中一年級下學期的考題，我的學生看到這篇文章以後，立刻放棄，因為他完全不懂。當時他只認識house，但不認識home，至於clock, sleep, knowledge, appetite, respect, blood等等一概不知，我完全同情他，據他講，全班只有三位同學看懂了這篇文章的意義，這三位同學都曾在美國念過小學。

It can buy you a house, but not a home.

It can buy you a bed, but not sleep.

It can buy you a clock, but not time.

It can buy you a book, but not knowledge.

It can buy you a food, but not an appetite.

It can buy you position, but not respect.

It can buy you blood, but not life.

It can buy you medicine, but not health.

So, is money your friend?

下面的文章又是出自國中一年級的考題，第一行就出現了nationality這個字，如果我是國中一年級的學生，一定不認得這個字，當然也就無從回答考題，更糟糕的是，這篇文章裡有好多國家的名字，像Taiwan, Japan, America, England, France, Germany。初學英文的孩子該認識這些字嗎？

For the questions, "Where are you from?" and "What's your nationality"；many people have a clear answer. For example, "I'm a Taiwanese. I'm from Taiwan." or "I'm a Japanese. I'm from Japan." But, in the U.S.A., it isn't so easy. This is because most Americans come from different countries. Some Americans come from England; some are from France, Italy, Germany and so on. So Americans have a different way of looking at nationality.

下面的考題就更難了，老師索性叫你填空，這又是國中一年級的考題。其中有一句話，"My father, Tony, is an _____. "最值得注意，我們中國人不可以對爸爸直呼其名的，看來，讀了英文以後，就可以了。還好，到目前為止，我的學生從不敢叫我「家同」。

I have a wonderful family. There are _____ people in my family. I'm studying in XX Junior High School. My name is Pete. I am 13 years old. I am a _____. My mother and I _____ in the same school. But _____ is a teacher. My father,

Tony, is an _____. He is not often at home. He works outside for many buildings. My sister, Helen, is 7 years older than me. She is a college student. She _____ not live at home. She lives at the school dorm. When she comes back on holidays, we have a nice chat. My uncle, Ted, is a good _____. He cooks delicious food at a famous restaurant. My aunt is a _____. Her name is Amanda. I always have my hair cut at her store. Cathy, my uncle's only daughter, is one year younger than me. She is my _____. She is a tomboy.

　　這些考題並不是都會地區的考題，全部都出於鄉下的國中，這才真是怪事。

　　我有一位學生，在國中一年級就要站起來用英文介紹自己，他不會，老師叫他寫英文信給他，他又不會，後來這位老師用了一種教材，是錄影帶教學，有一位洋人在

教，沒有中文字幕，雖有英文字幕，但他來不及看，老師並未解釋錄影帶講些什麼，但是段考要考，他又不會，要不是我一直在鼓勵他，他一定早就放棄英文了。

我們整個社會，已經得了英文歇斯底里症，很多家長恨不得孩子小時候就會看哈利波特，老師們也誤以為出難題考學生，學生就厲害了，最糟糕的是老師常用相當難的多媒體教材，其中沒有任何中文解釋，孩子如何能懂？很多孩子有這種可怕的經驗，難怪他們害怕英文了。

十、英文教科書沒有中文解釋

教科書應該是非常清楚的，否則就不是教科書了。可是，我們大家都認為書包一定要輕，因此教科書一定要薄，大家忽略掉的是一旦教科書很薄，教科書的內容就只好語焉不詳了。

有一次，有一位國中二年級的學生問我一個英文文法

的問題，我一看，發現他們問的問題有關於現在完成式，現在完成式是很難講清楚的，所以我請這位小朋友給我看他的教科書，我發現這本教科書的某一課課文之中用了好幾次現在完成式，而且在這一課以前，從來沒有用過現在完成式。但是這本教科書只簡單地介紹了現在完成式的公式，完全沒有解釋現在完成式。

為什麼沒有解釋現在完成式呢？原因很簡單，我們的英文教科書裡向來不准用中文，國中二年級的英文教科書如果用英文來解釋現在完成式，那是二度傷害，因為孩子一定完全看不懂，又不能用中文，就只好不解釋了。

我們學英文，最麻煩的是有一些文法的基本觀念必須從小就學會，比方說，主詞如果是第三人稱，單數，現在式，動詞一定要加s，兩個動詞一定不能用在一起，每一句英文句子裡必須有一個動詞等等，這些基本的文法規則都應該是孩子英文基本教材的一部分，但是我國所有的英文

教科書裡都不曾提到這些，考其原因，無非是因為我們堅持英文教科書裡是不能用中文的。

很多人堅持英文可以用英文來教，其實這是相當錯誤的，因為英文的基本文法非常複雜，單單助動詞，就不簡單，很多助動詞後面的動詞都要遵守特別的規矩。因為我們堅持英文教科書裡面不可以用中文，我們的孩子只好依賴老師口語講解來學英文，如果老師沒有將這些基本觀念講清楚，孩子就不會了。

有人來向我推銷一種觀念，那就是學英文絕對不要用中文，我告訴他，我要學阿拉伯文，請他教我，但不可以用中文，必須用阿拉伯文來教我阿拉伯文。他說他不知如何可以做到，以後再也不來找我了。

要依靠老師口頭提醒，也是一種奇怪的想法，大家不妨想想，如果我們教數學，是不是要將數學裡面的所有規則，都寫入課本，絕不能留下一些規則，由老師口頭提醒

同學。數學老師都知道數學教科書內一定要將數學規則講清楚，而英文老師們無所謂？

十一、教育往往忽略了科目的基本部分

任何一門科目都有一些基本觀念，如果這些基本觀念沒有教好，高深的學問就學不好了。

以英文為例，我們大家一定都同意，我們的學生寫英文句子時不能犯嚴重的文法錯誤，比方說，must的後面絕不可以加to，兩個動詞不能連在一起等等。奇怪的是：我們的英文教育是不理會這一套的。

以下是一些高中學生所寫的英文句子，這所高中是國立高中，而且是坐落在一個大城市裡的高中，大家看看這些句子荒誕到什麼程度：

1. I sees a bird.

2. I live in Taipei last year.

3. He wents to school yesterday.

4. I will going to see you.

5. I was ate an apple this morning.

6. I like walk to school.

7. I have saw your father.

8. He is finish.

9. It raining now.

10. She very beautiful.

11. Where are you buy this book?

12. I want to watching a movie.

13. What does you do?

14. Where you buy this book?

15. He did not went to the church.

　　如果我們仔細看以上的句子，我們不難發現所犯的錯誤都是極為基本的文法上的錯誤，但卻又是致命的錯誤。

為什麼這些孩子會犯這麼嚴重的錯誤呢？我們只好怪罪我們的入學考試，不論哪一種考試，大家都爭先恐後地考比較難的題目，誰也不管那些基本的文法。

我曾經到各處去演講有關英文教學的問題，來聽的都是老師，奇怪的是他們對我的話完全無動於衷，我相信他們之所以對學生犯這些錯滿不在乎，乃是由於他們知道入學考試不考這些簡單規則的。他們很在乎孩子們能不能在入學考試中應付過去，至於這些孩子寫出"I sees..."這種荒誕的句子，他們是無所謂的。

可憐的孩子，總有一天，他的碩士指導教授發現他寫的句子錯誤百出，到那時候，孩子往往感到非常困惑，為什麼當年我的英文老師不改正我的基本文法錯誤。

數學的問題恐怕更加嚴重，過去，教數學，除了教一些規則以外，一定要教邏輯思考，而最好的方法就是在幾何中學會證明題，因為幾何講究的就是證明的嚴謹性，你

的每一句話，都必須有定理或公理作為根據。但是，現在考高中的基本學力測驗已經不再考證明題，所以，同學們也就不會證明題。

在過去，如果要畫一條線的中垂線，必須詳細敘述步驟，因為對學生而言，畫中垂線的步驟是非常重要的，其實我們在意的是學生必須能夠證明所畫的的確是中垂線。

以下的一題幾何證明題，是蔣總統年輕時在日本做的題目：

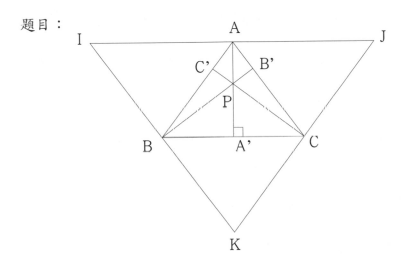

三角形ABC中，AA'⊥BC，BB'⊥AC，IJ⊥AA'，

JK⊥CC'，IK⊥BB'，AA'、BB'及CC'相交於P點，試證P為三角形IJK外接圓之圓心。

可惜國民黨黨部不肯將蔣總統當年的幾何習題本翻印，如果大家看看他當年如何用功，恐怕要好好檢討了，因為我們現在有很多學生根本不會做任何證明題，但是會做選擇題。

有一次，我出席了一個高中生科學獎的評審會議，有一位高中生向大家講解他們發現的一些數學定理。大家都對他們觀察到的非常佩服，但又發現這位同學絲毫不懂何謂證明，他一再地解釋他的理論，而不知道他的解釋不是正式的證明。

前些日子，台北上演一部電影，原名叫做"Proof"，這部電影講的是一位數學家的定理證明，但在我國，這部電影的名字變成了「證明我愛你」，真令人啼笑皆非。

我們的國文教育，也是如此，多少學者在強調孩子應

該要讀古文，但是我們很多孩子連最基本的字都寫得錯誤百出，以下的錯字都是國中生寫的：

未來	末來	颱風	台風
浪費	讓費*	工作	工做
已經	以經	工作	公作
再次	在次	辦法	班法*
公車	工車	狀況	壯況
除了	處了*	時候	時後
而已	而以	厲害	勵害
覺得	覺的	滅亡	減亡*
覺得	絕得	脹氣	脹汽
個人	各人	常常	長長

有時，我們不禁要問，為什麼他的小學老師沒有糾正這些錯誤呢？小學老師顯然不知道，字寫對了，是非常重要的，這又是一個忽略基本功夫的例子。

十二、未能因材施教

因材施教，古之明訓也。沒有想到的是：我們的教

育體系似乎仍然沒有抓到這個重點。教育部雷厲風行、三令五申的要大家常態分班，絕不可以能力分班。所謂常態分班，乃是指全班有程度極高的，也有程度極低的，問題是：程度極高者，並不是我們該關心的對象，因為他們通常都可以自己念書，可憐的是那些程度極低的孩子，他們上課時根本聽不懂老師在講什麼，上課等於沒有學到。

當初要實施這種常態分班，乃是為了要照顧弱勢孩子，因為很多學校實施能力分班的結果是產生了所謂的放牛班，放牛班裡的學生全是功課不好的學生，老師教的時候，心中早已先有定見，認為這些孩子一定是已經沒有希望了，既然一定教不好，就馬馬虎虎算了。這種現象，引起了社會有良心的人士極大的反感，因此教育部才禁止了這種放牛班的措施，而將功課好和功課不好的同學混在同一班來上課。

這麼一來，放牛班的確是消失掉了，但是功課不好的

同學仍然沒有得到照顧，因為對老師而言，他最多只能照顧到班上功課中等的學生，無法照顧到最好以及最差的學生，功課好的學生，沒有受到照顧，影響不大，因為他們通常可以自己念，但是功課不好的同學就慘了，上課等於鴨子聽雷，老師雖然知道他聽不懂，也不能因為少數這類同學而將進度大為減慢，這批可憐的同學，雖然沒有在放牛班，其實是在放牛班。

所謂未能因材施教，這僅僅是現象之一，另一個現象是教材的程度性幾乎全國統一。我們不妨坦白地講，各個學校的學生程度差距很大，用同樣的教科書實在不切實際。我曾經去過一所國中，這所國中專門收有問題的學生，所以他們的學業程度是遠遠落後於一般學生的，但是他們的老師依然照本宣科，他們總覺得有一個進度問題，如果在進度上太落後，對不起學生也。我敢說，對那所學校90％的學生而言，老師所講的課，是完全無法吸收的，

我們可以說，老師其實在浪費他寶貴的生命。

十三、鼓勵不夠

我國的教育相當注重競爭，這種現象使很多同學因此非常用功，而且在學業上有相當好的程度，但是一般說來，我們對大多數的學生，是打擊多於鼓勵的。

首先，我們不妨看看我們的獎勵制度，我們幾乎在每一學期結束的時候，都會給學生一些獎狀，如果一個班上有四十位同學，最多只有前三名可以拿到獎狀，其他的同學都只好望獎興嘆。

問題是，在班上考得不夠好的同學就不該受到鼓勵嗎？任何一個孩子，在求學的過程中，如果經常得到鼓勵，絕對對他有用，他會越來越對念書有興趣。舉例來說，假如有一個小學生學會了I am, you are, he is等等，其實並非易事，我們該不該給他掌聲和鼓勵呢？當然應該

的。一個國中生會解一元一次方程式，也相當不錯了，我們自然應該給他鼓勵。可惜我們的教育界從來不會給這些普通同學任何形式的鼓勵。

我們的同學不僅得不到任何鼓勵，還會受到各種的打擊。這種打擊，來自與入學有關的考試。以國中升高中的考試而言，滿分是412分，如果一位台北的學生考到了340分，我們應該替他感到很驕傲了，因為340分，等於接近85分，一位同學在校內的考試，考到了85分，已屬不易，如今他去校外參加全國性的考試，考到了85分，實在是好得不能再好，結果呢？因為他是台北市的高中生，只能去念一所相當偏遠的國立高中。如果他考到了300分，在我看來，已經很厲害了，但是在新竹，他也不能進前幾名的高中。

這種現象使我們眾多的學生對自己失去了信心，他們總認為自己是很差的學生。我認識不少這種程度的學生，

我承認他們也許不一定能成為偉大的學者，但做社會上一般的工作，絕對綽綽有餘的。我深深相信，即使考得更差一點，也是社會裡的有用之才。以電機工程師來講，也許不能成為研發工程師，但一定可以做維修工程師。以我們國家而言，試問我們有多少個工廠？這些工廠當然需要電機工程師維持他們的供電系統，也需要維護那些機器，維修工程師乃是必需品也。

我們做老師的人總喜歡出一些難題來考那些可憐的學生，我們是一番好意，出一些難題是要使這些學生可以應付校外的考試，遺憾的是，學生畢業以後，大多數的孩子是用不到這些難題的。無論我們做什麼工作，大多數的時間用到的學問都是很基本而簡單的，只有在做研究的時候，我們才會要解難題。如果一個孩子會做教科書裡的題目，他已經很厲害了，應該受到鼓勵的。可是，很多已經不錯的孩子不僅沒有受到鼓勵，反而常常受到打擊。

十四、補習班主導教育，
　　但弱勢孩子進不起補習班

　　我國教育上的一大特色就是補習班林立，而且主導了整個教育體系，每次重要的考試放榜，各大報第一件事就是去請教補習班，題目出得好不好？一概是補習班說了就算，如果補習班對某件事頗有微詞，政府官員一定立刻有所回應。

　　學生進補習班，乃是非常普通的事，在台北的補習班中，常可以看到穿建中和北一女校服的學生，可見得補習班在教育界所占的分量。我曾經遇過一個孩子，他在台北念國中一年級的時候，只有三個弱勢學生沒有進過補習班。結果他完全跟不上，尤其是英文部分，當時國小是不教英文的，所以這個孩子連a、b、c都不會，而有些學生已能看英文小說，老師最後只好放棄了他。

即使在都市裡，也有很多孩子是不上補習班的，有一次，我在台北的一所小學遇到兩個學生，我就考考他們英文，有一位應答如流，另一位一句也不會，兩者都很難為情，不會的同學以自己英文差而難為情，另一位以自己英文好而感到不好意思，因為他是進了補習班才學會的。

我最近發現很多老師自己不出考題，而用補習班所出的考題，我更發現一件十分令我不安的事，雖然教科書上的內容不難，但是學生所要應付的平時習題和考題往往刁鑽古怪，原來這些題目都是補習班所提供的，只要有一位老師用了這些題目，其他老師如不跟進，家長會認為他不夠認真，即使他心中非常不願意，但到最後，也只好利用補習班的資料了。

補習班的存在使得無法進補習班的孩子吃了大虧，城裡的弱勢孩子眼看同學可以進補習班而羨慕不已，鄉下根本沒有補習班，孩子無人可羨慕，但程度上硬是差別人一

大截。

　　最糟糕的是：很多家長誤以為補習班是萬靈藥，只要孩子功課不好，就將孩子送進補習班，以為這下可以放心了，其實補習班是不管你的基礎好不好的，如果你的孩子基礎不好，無論如何補習，都沒有用的。有一位教授發現他的學生數學程度甚差，連最簡單的導公式都不會，經過教授和學生溝通以後，發現補習班一直在替他們溫習選擇題，而從不管如何做證明題，以至於很多大學生連最簡單的導公式都不會了。

第三章

如何幫助
功課不好的孩子

很多孩子功課不好，在前面，我們已經講了很多的原因，在這一個章節，我將提出一些建議，來幫助這些孩子，使他們的功課變得好一點。我的建議如下：

一、使孩子每天都做家庭作業

二、使小朋友多看課外書

三、使偏遠地區的孩子有足夠的英文老師和英文課

四、對小學生有品質管制

五、小學教育不能太多元化

六、告訴偏遠地區孩子讀書的重要性

七、改善數學教育

八、改善國文教育

九、英文不要考得太難

十、要有好的英文教科書

十一、強調學科的基本部分

十二、因材施教

一、使孩子每天都做家庭作業

孩子回家不做功課，乃是致命傷，因為學了又忘記了。如果老師發現孩子不做家庭作業，只好強迫他做完再回家，而且措施一定要從小學就做起。因為小學生基礎不好，將來大了以後，就無從教起了。

很多人認為這種督促孩子做家庭作業的做法，一定會加重老師的負擔，這當然是正確的，但是，我們其實正面臨很多老師無課可教的現象，由於少子化的結果，我們有好多的老師正面臨被解雇的命運。政府不應該解雇現有的老師，而不妨請這些老師負擔一些督促孩子做家庭作業的工作。我們也有相當多的流浪教師，這些老師正愁找不到

工作，政府正好可以利用他們。

我們可以說，這是教育的優質化，過去的教育是比較不管程度不好的孩子，現在政府如果下定決心，使小孩子做完功課，一定會受大家歡迎的。

我忍不住在此介紹一下博幼基金會的做法，博幼基金會成立的宗旨就是在於幫助弱勢而功課不好的孩子，他們每週一到週五都來上課，如果當地有大學生，就由大學生教，如果沒有大學生教，就由當地的家長教。孩子們程度再差，每天上課，也就趕得差不多了。我們沒有用志工，所有的老師都要付錢的，但是教育的效果當然相當不錯。

在我們國家，我敢說孩子回家不做功課是最大的問題，可是，從另一角度來看，這個問題也並不太嚴重，因為家長也許不太管小孩子，但也不會反對小孩子被管，他們只是覺得不知道如何管小孩子，如果有人來管自己的小孩子，他們都很高興的。

還有一點，我們的孩子頂多是回家沒有做功課，真正在街頭加入幫派的是相當少的，偏遠地區的孩子尤其沒有在街上混太保的現象，可以說，他們是很可愛的，一旦有大哥哥、大姊姊來教他們數學和英文，多半是欣然接受這種課輔的。

我們一定要抓到這一個契機，因為在美國的城市裡，很多弱勢的孩子已經變成了半社會邊緣人，要幫助這種孩子，難如登天，我們在全國進行課外輔導，孩子們都會來參加的。

二、使小朋友多看課外書

很多小朋友沒有看課外書籍的習慣，這種孩子多半來自比較弱勢的家庭，家長無錢買書，也沒有看書的習慣，小孩子當然也就不看書了。我們做老師的，因此必須幫助他們，使他們多多看書。

要看什麼書呢？我建議以下幾類：

（1）經典名著

既然是經典名著，必定有其價值，看了總有收穫。經典名著並沒有什麼一定的範圍，只要老一點的書，總要鼓勵孩子們去看。但是，我們不必強迫學生完全同意那些著作裡的觀點，而是要他們瞭解那個時代人的想法。

有時我們看看民初期間一些人的想法，孩子會有些困惑，為什麼當時的人會有那種想法？如果他們再繼續研究下去，就會發現當時的時空背景和現在是完全不同的，從而知道社會的想法是在改變的。

（2）好的論述文章

論述的能力是非常重要的，有人永遠給人一種「言之有理」的印象，但有人就永遠給人「不知其所云」的印象。前者當然會比較有競爭力。

我們不妨多多從報紙上找好的論述文章來讓孩子們

念。好的論述文章一定不可謾罵，不可有非常偏激的意識形態，而是在平心靜氣地討論事情。孩子們多看這些文章以後，會養成平心靜氣思考的能力。

（3）好的小說

小說往往有創意，多看了，可以使孩子思想活潑，我個人又特別偏愛偵探小說，因為偵探小說不僅有創意，也講究邏輯思考。

（4）國際新聞

在很多外國非常貴族化的學校裡，小孩子是很瞭解世界大事的，這往往是由於他們的父母熟悉世界大事，再加上學校的老師們也常會教孩子這些事情，使這些孩子有相當好的國際觀。

我們叫小孩子看文章，最重要的目的是要使孩子能抓到文章的重點，我曾經給一些小孩子看福爾摩斯探案，看完以後，要他們寫下福爾摩斯破案的關鍵性線索，結果這

些孩子們完全不知道福爾摩斯如何破案的，我們可以說，書是白看了。

因此博幼基金會每週必定給小朋友一篇文章看，我們將文章的標題去掉，然後請小朋友看後將文章的要點寫出來，他不能抄，必須要自己寫，也要將刪去的文章標題填回去，如此做，乃是在保證孩子們能抓到文章的重點。

有一次，我看到一位小朋友看了一篇很長的文章，這篇文章講的是歐巴馬總統的新經濟政策，這位小朋友所寫的摘要如下：

歐巴馬總統的新經濟政策就是多抽富人的稅，以幫助窮人。

這個摘要言簡意賅，也完全正確。

我們不太喜歡叫小孩子寫感想，因為有些文章看了以後，的確不太可能有什麼感想。

我們的文章內容包羅萬象，我們這樣做，也是在幫助

弱勢孩子增加普通常識，增加國際觀。有一次，我們發現有一位小朋友居然不知道「俄羅斯」是一個國家，也有一個孩子不知道「潛水艇」為何物，這都是孩子平時不看書的結果。

為了幫助孩子有國際觀，我們成立了一個國際新聞網站，各位不妨上去瀏覽，這個網站的網址是http://alg.csie.ncnu.edu.tw/enews/allnews.php

三、使偏遠地區的孩子有足夠的英文老師和足夠的英文課

孩子英文不好，肇因於每週只有一節英文課，對於家境好的孩子來講，這根本不成問題，因為他們的家長將孩子在小時候就送進了雙語幼稚園，甚至於送到全英語幼稚園，對這些孩子來講，學校裡上的英文課全是小兒科，乃是不痛不癢的課程。

對於弱勢孩子，只有一節英文課，等於沒有上，因為他們通常沒有家人可以教他們英文，所以如果他們不會念某一個字，回家沒有人問，當然就不複習英文課了。因為只有一節英文課，要等到六天以後才會再碰到英文，大多數的孩子將上周上的英文忘得一乾二淨。

　　為什麼只有一節英文課？最重要的原因是沒有足夠的英文老師，過去師專的學生都沒有接受足夠的英文教育，所以他們是不能教小學英文的。現在的教育大學畢業生英文程度好得多了，但是他們又不能到那些英文老師不夠的學校去教書，因為這些學校往往學生越來越少，教育部正在設法要減少老師的數目。學生少了，老師當然也要減少，至少不能增加老師。但是，那些可憐偏遠地區的學校，本來就缺乏英文老師，將來會更缺乏。

　　如果小學英文老師不夠，學生的英文課就會不夠，弱勢孩子一定不可能學好英文的。要增加英文老師，我們有

兩條路可走：

（1）在小學逐年增加英文老師，一直到小學生每天可以上英文課為止，我們國家有眾多的流浪教師，苦於無課可教，大多數的這些老師都一定能教小學生英文的。如果我們這樣做，可以提高就業率，也大大地提升國家小學生的教育品質。

（2）使更多的現有小學老師會教英文。我們有很多小學老師當年多多少少學過英文，只是沒有學得很好，我們不妨好好地利用他們，將他們的英文教好，這樣一來，我們的小學裡應該就有足夠的英文老師了。

我們有很多的老師是很希望自己能教英文的，因為他們也有子女，如果他們能教英文，在家中就可以教自己的子女。

我所主持的博幼基金會雖然經費不是很充裕，但我們仍在替國家培育教英文的人才。我們在很多偏遠的鄉間設

有課輔的據點，問題在於那些偏遠的地方，我們沒有大學生可以擔任課輔老師，這是一件非常嚴重的事，我們因此找了很多當地的媽媽們，她們都曾經學過英文，但早已忘掉，我們請了一些老師去教她們，她們平時都要做工，但是也慢慢地建立了英文的一定程度，一旦一個地區有了一些可以教英文的媽媽們，我們在偏遠地區的孩子們的英文就大有進步。

因此，我也在這裡建議我們的政府好好地考慮「社區英文提升」的想法，任何一個社區，都有一些公務員，如鄉鎮公所的職員、警員和消防隊員等等，他們都是受過良好教育的人，我也相信他們樂於接受英文教育。如果將他們教好了，他們可以協助偏遠地區的小學老師們，在小孩子放學以後，替他們補習英文。

四、對小學生有品質管制

任何一門學問都有它的漸進性，比方說，你要學英文，總要先學會a、b、c，然後再要學會I am, you are, he is這些規則。如果I am, you are等等都沒有學會，就再去學比較深的英文，一定學不好的，至少寫不出任何正確的句子來。

數學更加是講究循序漸進的了。如果一個孩子連分數加減都沒有學好，就不用談以後的一元一次方程式，更不用說二元一次方程式了。

我所謂的品質管制，就是在於知道孩子們在學業上的進度，如果程度嚴重落後了，我們根據因材施教的原則，從他落後的地方教起。

最近，我們發現有一位國中三年級的學生，他的數學程度嚴重落後，我們用一種測驗的方法，發現他對於分數

的除法有錯誤的想法，我們趕緊教他正確的分數除法，他一夜之間進步得非常之快。過去他做錯的一元一次方程式題目，現在都做對了，而且也很快地學會了二元一次方程式。

我們目前的義務教育是幾乎完全沒有任何品質管制的，孩子功課再差，也可以畢業。在過去，我們在小學和國中都還有留級制度，現在留級制度也消失了。這種非常自由化的教育看上去十分美好，因為孩子因此可以很快樂，但是如果孩子真的基礎沒有打好，他一定會吃虧一輩子。

前些日子，博幼基金會碰到了一個孩子，已經國中二年級了，我們給他一個非常簡單的測驗，用聽寫的方式考他三十個英文生字，這些字都是非常簡單的，像是father, mother, student, teacher等等，結果他只會寫三個字，大多數根本完全不認得，令我們感到十分難過的是他很想學，

當我們從最簡單的教起的時候，他很認真地學，也學得很好。

他說當年他班上有很多英文好的同學，他是少數沒有進過補習班的同學，他上課時完全聽不懂，只好完全放棄。我們可以說，我們國家這種毫無品質管制的做法，實在害了這位學生。

我們最近常常發現有些大學生的程度非常低落，有學生18分就可以進大學，這種情形使社會震驚，大多數人的反應是我們必須在高中把關，最好舉行一種會考，凡是沒有通過的高中生，一概不准參加大學的入學考試，這種做法大概是行不通的，因為過去我們甚至准許沒能畢業的高中生，以同等學歷參加考試。即使這種做法行得通，也解決不了問題，因為高中生如果程度太差了，根本就補不起來的。我們現在有些高中生，英文字都認得不多，國中代數也不會，他如有心向學，恐怕為時已晚。

退而求其次，我們能不能在國中把關？這樣做，也是不行的，要念好國中，國小的程度不能太差。所以我們必須從小學一年級開始，就要實行品質管制，老師一定要知道學生有沒有到達最低的標準，比方說，小一學生有沒有學會整數加法？小二學生有沒有學會整數減法，再以英文來說，也不妨規定小五學生至少學會了多少英文生字，如father, mother, boy, girl之類的字，也學會了一些最基本的英文文法，如I am, you are, he is等等。到了六年級，一定要學會四則運算，包含分數的加減乘除、脫括弧等等。到了國中一年級，一定要先學會負數的運算，然後再學會一元一次方程式。

為什麼我們要如此地注意學生的程度？理由很簡單，如果國一學生弄不清楚正負數的運算，他休想學會一元一次方程式，他如不會一元一次方程式，也就休想學二元一次方程式了。英文也是如此，如果孩子不知道英文的最基

本文法，連最簡單的英文句子都會寫不對，很多大學生根本不知道兩個動詞是不能連在一起用的，也不知道否定句和問句常要用到助動詞do，也不知道do後面的動詞要用原式，試問他如何能寫英文論文？

英文要好，一定要知道很多的生字，很多學生認識的生字少得可憐，到了大學，如何能看英文教科書呢？

有了品質管制，校方可以立刻實施補救教學，在這種制度之下，老師不會感到學生程度已落後到了無可救藥的情況。舉例來說，如果一位高中數學老師發現他的學生其實根本不會分數加減，他幾乎是無計可施的。他如不教這位學生分數加減，就等於放棄了這位學生，但他不可能單獨教他如此簡單的數學，因為分數加減，是小學課程，從小學課程教起，起碼三年以後才能學完國中數學，這位學生，高中豈非要讀六年？

我要在此強調，所謂學會，乃是指學會最基本的學

問，絕不包含難題。以一元一次方程式而言，只要會解一元一次方程式以及簡單的應用題，就算通過了。根據我的經驗，絕大多數的學生是可以學得會的，只要多給他們看簡單的例題，多做簡單的習題就可以了。我們現在的數學考題，往往有些刁鑽古怪的，使得學生有時連題目都看不懂，如果考過這種題目才算通過，那大多數人都通不過了。一旦發現某學生沒有通過檢測，就立刻給予補救教育，相信程度嚴重落後，以致無藥可救的學生應該屬於少數。

反過來說，如果沒有品質管制，所謂課輔，其實只是伴讀而已，功課不好的孩子在下課以後，有人監視他寫作業，做的是一元一次方程式，但他的四則運算不行，這位老師不替他將四則運算教好，他的一元一次方程式一定學不會的。政府花了好多錢在課輔上，好像沒有什麼成效，原因很簡單，他們沒有從基本做起，沒有從基本做起，又

是因為沒有品質管制的原因。

五、小學教育不能太多元化

我們曾經一再強調，說偏遠地區的孩子功課往往比不上都市地區的孩子，而偏遠地區的小學，卻又遭遇到另一個難題：那就是學生人數越來越少，學生減少的原因之一是少子化，另一原因是偏遠地區本來就業機會就少，很多人都到都市做工去了，孩子也往往跟著父母離開家鄉了。學生少，政府當然要併校，這本來是一件很自然的事，但是當地的父母自然不願意看到孩子的學校不見了，學校的老師更因為對學校有感情而反對併校。對於這類迷你的小校，教育部祭出了一個絕招，強調學校要有特色，如果真的有特色，學校就可以免除被裁併的命運。

有時我們看到小學會非常強調戶外教學，孩子們花很多時間在大自然中吸收知識，也有些孩子花很多時間在練

習打棒球,更有些孩子花相當多的時間學各種的技藝,有些男生因而學會了打毛線。這種教育,有一個名稱,叫做「多元化教育」,在多元化教育之下長大的孩子,當然不會是書呆子。

我不反對多元化的教育,因為成天死讀書的孩子往往缺乏普通常識,而且會有一種被扭曲的價值觀,以為「萬般皆下品,惟有讀書高」。孩子有多種興趣,有各種知識,乃是好事。遺憾的是,有時這種多元化是過分的了,以至於老師們根本不管孩子們的基礎學問。很多偏遠地區的小孩子每天要練習跳舞,因為他們的師長希望他們能出去比賽,為校爭光,如此也可以說服政府不要併校。

有些學校雖然並沒有被併的威脅,也喜歡發展特色。曾經紅極一時的森林小學,就是強調他們的教育方式是與眾不同的,他們的孩子也真的與眾不同,可惜這些孩子的競爭力卻往往遠遠落後於其他的孩子。

社會上很多人有一種觀念，認為有些偏遠地區的小孩子是不可能和其他族群的孩子在學業上競爭的，因此他們認為唯一的辦法就是給這些孩子特別的教育，最普遍的想法是強調體育，可是任何人要靠體育生存都不是容易的事，即使在體育上不錯，如果國、英、數太差，大學就進不去，做職業運動員雖然不一定要進大學，但是職業運動員談何容易，我國根本就沒有職業籃球隊，也沒有職業足球隊，要能在體育界表現得非常出色，已經是相當難了，要靠體育為生絕對是少數人才能做到的。

　　很多人認為原住民孩子嗓子很好，因此專門給他們練唱，但是要成為職業歌手又是少數人才能做到的。雖然有人能出一兩張唱片，但是能夠持久靠演唱為生的人卻極少。大家又要知道，會唱歌並不表示懂得音樂，要進入音樂系，必須懂得樂理，而且通常要精於某一種樂器，偏遠地區的孩子即使歌喉不錯，也會因為在音樂上的修養太差

而無法和城裡孩子競爭。就以鋼琴為例，鄉下小孩子家裡沒有鋼琴，即使有了，村莊裡也沒有好的老師教他，所以光教小孩子唱歌乃是不切實際的。

六、告訴偏遠地區孩子讀書的重要性

有相當多的父母成天壓迫孩子念書，這些孩子從小就只知道如何有較好的成績，其他事情一無所知，誰都知道，這種父母只會使孩子從小就非常地不快樂，可憐之至。

可是，在另一極端，我們發現好多小孩子從小就不好好認真念書，其原因在於他們根本不知道念書對他們有何關係，他們不知道，書念得好，有一天可以像李遠哲一樣地贏得諾貝爾獎，或者可以做到大學教授、工程師等等，因為他們的家人從未出過大學教授，也沒有人做成了工程師，他們因此感到念書對他們是毫無用處的事。

我們仍然要告訴這些孩子，念書的目的並不是因為要成為什麼了不起的人。因為現在已不是農業社會，書念得少絕對是會吃虧的。就以農人而言，我們的茶葉品質非常的好，但是我們的紅茶仍然沒有變成全世界著名的紅茶。最貴的紅茶，永遠是英國貨，而英國卻是完全不產茶的國家。我們之所以未能使種茶成為一種高利潤的產業，與我們農人只會種茶，而不會行銷有關。我可以再舉一個例子，南投產梅，也有梅子醬的產品，我就是一個梅子醬的粉絲，在我家，我常將梅子醬拌進切片的番茄，味美無比，可惜我們的農人只會做梅子醬，而不會行銷梅子醬，現在只有我一個人欣賞梅子醬。

　　再以英文和數學來講，很多電子工廠的工人，多多少少都要有最基本的英文能力的。有一次，有一間新竹的電子工廠想幫助偏遠地區的孩子，他們找到了一所偏遠地區的高職，也讓一批功課比較好的學生去接受測試，結果是

全軍覆沒，因為這家公司給了他們極簡單的考試，同學們的英文實在太差，公司想幫忙也幫不上。

從以上的例子來看，我們的孩子一定要有最基本的學識，否則不僅不能成為李遠哲，就連在社會裡有謀生的能力都很困難。

在目前的社會裡，假如學識不夠，往往會被人欺侮而自己不知道。就我所知，有好多勞動階級的人，在工作中受了傷，而他之所以受傷，是因為老闆的錯，但不知道他有權求償，即使有點知道，也因為學識不夠而不知如何求償。

我們做老師的人，一定要對偏遠地區的孩子灌輸念書的重要性，不能讓他們糊裡糊塗地過日子。

七、改善數學教育

我國的小學生一直被老師在數學上整得很慘，我始終

相信我們實在不該使小孩子在數學上傷透腦筋。因此在此提出幾個具體的建議：

（1）在小學的數學上，能以後教的就以後教

我們有很多的數學項目，在我看來，都教得太早了。比方說，小學就要學平行線和直角三角形，這些都可以留到國中學幾何的時候再學的，何必在小學時就學？當初將平行線放到小學的時候，是希望小孩子在很小的時候就懂得有關平行線的最簡單觀念，但是我們知道平行線這個觀念牽涉到幾何學的公理，小孩子不一定能懂得其中的奧妙。

最麻煩的是：一旦平行線進入了小學課程，很多有關的平行線就偷偷地混進來了。我國的老師常常會去坊間買一些評量的資料來考學生，我的學生就被內錯角等等搞得昏頭轉向。我發現小學數學教科書中是沒有內錯角的，但是補習班會將這些觀念寫入他們所出的資料中，我國的

家長惟恐自己的孩子學藝不精，一定會壓迫小學老師也要教這些東西。老師豈敢不教，最後倒楣的仍是無辜的小學生。

再以代數而言，我是到國中才學代數的，現在的小學生就要學了，當初將代數放入小學課程，也沒有惡意，無非希望小孩子會解

$\square + 2 = 3$

這類的題目，可是這是不可能的，我們的補習班絕對會出一些怪題目來難倒小孩子，我到現在都還記得以下這些小學生所面臨的題目：

$(70 + \dfrac{\bigcirc}{6}) \div 8 = 9$

$(\bigcirc + 8) \times 8 = 56 + 64$

在國中，可憐的小孩子要學有關座標的項目，因此他們在國中二年級就要學二元一次方程式的幾何意義，二元一次方程式代表的是一條直線，這個觀念就有點難。對我

來說，平面上的一條直線是由它的斜率決定的，只要知道了斜率，這條直線就決定了。我相信這不僅是我的想法，我敢說絕大多數的人都是這樣想的，因為對我們而言，一條直線最重要的乃是它的斜率，如果斜率都不懂，為何要學直線方程式？可是要學斜率，一定要懂三角裡的$\tan \theta$，國中生是不懂$\tan \theta$的，所以要從斜率的觀念來教直線方程式乃是不可能的。我們的國中生糊裡糊塗地學了一些有關直線方程式，其實只是一知半解。

國中生都要學一條直線平行移動以後的方程式。所謂平行線移動，乃是保持直線的斜率不變，可是我們無法解釋斜率，只好強迫小孩子記得一些方法，孩子當然又是一知半解，在我看來，學了直線方程式，等於沒有學。

直線方程式已經夠難了，曲線方程式當然就更難了。可是可憐的現代小孩子，在國中時就要學曲線方程式，曲線方程式的最大特點，是在於它的斜率一直在變，可是國

中生沒有學過斜率，因此也無法向他們講這個道理，因此越學越糊塗。

$y＝x^2$已經不容易了，小孩子還沒有將$y＝x^2$弄清楚，就要學$y＝ax^2$，甚至於$y＝ax^2＋b$以及$x＝ay^2＋b$。我是在高二時才學曲線方程式，那時，我們先學會座標轉換，一旦學會了座標轉換，$y＝ax^2＋b$就進而易解了。

我們的小學生最可憐的事是要學類似雞兔同籠的問題，我小的時候，就搞不清楚雞兔同籠是如何解的，老師講了，我仍然搞不懂。後來學了代數，一下子就會解了。當時，我就有一種想法，為什麼不在教代數的時候才教雞兔同籠的問題？

我最近在報上看到大陸小學生所要解的題目，報上也提供了解答，說實話，這份解答是一般小學生絕不會想得出來的，他們唯一的辦法恐怕是硬背這個題目的解法，可是我會代數，用代數，這個題目非常簡單。據說，大陸很

多小學強迫小孩子參加奧林匹亞數學競賽，一些小孩子痛苦不堪，最後，當地政府出面，嚴令禁止替小孩子作這類的惡性補習，才解救了小孩子。

我們真的不妨好好地檢討一下我們的數學教育，能以後教的，現在就不要教。

（2）要有更好的數學教科書

我們的數學教科書往往很薄，因此只好淺入淺出，語焉不詳。這種現象，使補習班和出版商認為有機可乘，紛紛推出很厚的參考書，家長和老師被迫買這些昂貴的參考書，對於弱勢孩子來說，這是雪上加霜，因為他們根本買不起這些參考書。

淺入淺出的教科書中，當然不會有稍微難一點的題目。試想，假如一個小孩子只會做教科書的題目，如何能應付基本學力測驗？這是為什麼家長要送孩子去補習班的主要原因，他們知道孩子學校發的教科書是不夠的。

因此我建議教育部重操舊業，出一些好的數學教科書，這些數學教科書必須有以下的條件：

I. 有很多的例題，也有很多的習題，當然也要有解答。

II. 任何小節都不放過，絕不可以語焉不詳。

III. 有很多簡單的例題，使學生不覺得數學是難的，但也要適當地加入較難的題目，使學生可以應付校外的考試。

我們最近在研究如何教一元一次方程式，我過去一直認為一元一次方程式是很容易教的，其實不然，對於比較不夠聰明的孩子，一元一次方程式並不容易。因此我們想出了一種方法，將如何解一元一次方程式用九個階段來教。

第一級，方程式只有以下的類型：

$X+1=3$

X–1=2

X一定要在左邊，X的係數一定只可以是1。

這應該是最容易解的了，孩子一學就會了。

第二級：

2X=3

3X=5

X仍在左邊，但只可以有整數的係數，而且式子中不可以有加法，這也很容易學。

孩子就在這種情況下，逐漸可以解最後的式子。

第九級：

$$\frac{\frac{1}{2}\left(x+\frac{3}{2}\right)}{\frac{1}{7}\left(x-\frac{3}{2}\right)}$$

根據我個人的經歷，絕大多數的孩子會覺得學一元一次方程式容易到了極點。

（3）教數學仍應重視推理

教數學，不是一些規則而已，以幾何為例，我們學幾何的最大收穫，應該是學會了如何有邏輯思考的能力。幾何證明通常是絕對嚴謹的，證明定理的任何一步，都必須有所根據，我當年以這種態度學幾何，使我以後懂得何謂數學證明。

可是，因為我們的考試一概用選擇題，我們的學生也就不管嚴謹的定理證明了。一般學生如此，即使聰明的孩子，也可能一輩子不知道嚴謹證明為何物。我有一次遇到一位資優學生，他的確很厲害，指出了一些幾何學上的特性，也提出了一個幾何學上的定理，可是他其實根本沒有正式地證明這個定理，教授們一再地問他有沒有設法去證明定理，這位學生完全不知道證明為何物，他以為只要試很多例子，都是對的，這就叫證明了。

不會證明很難的定理，也就罷了，最近有一位教授發現他的學生連最基本的公式都導不出來，他大吃一驚，也

百思不得其解，最後，他得了一個結論，這些學生一直都只做選擇題，從未做過證明題，也從不推導公式，這種數學學習的方式，值得我們擔心也。

八、改善國文教育

我在各處演講的時候，都會有人向我抱怨，說國文太難了，我真的無從說起，因為我也覺得國文太難了。這種國文的考題，除了羞辱孩子們以外，實在沒有什麼用處。對於弱勢學生而言，國文往往是最嚴重的罩門，因為他們無論如何用功，都不會考到高分。

首先，我反對在小學裡就教「修辭」，我曾經問過很多大學教授，他們之所以反對教修辭，是因為修辭學見仁見智，對於每一句子，大家可以有不同的解釋，在這種情況之下，為什麼要教小孩子？我可以大膽地說，小孩子是絕對不可能學會修辭學的，因為根本沒有標準答案。

可是，最重要的是，小孩子即使學會了修辭，又有何用？難道我們寫句子的時候，要想是否該用「假設」、「遞進」、「條件」、「承接」或是「排比」？我已七十二歲，我根本不知修辭為何物，似乎我也能寫出像樣的句子來。

好的文學創作的含意，應該是可以由讀者解釋的。我們常說「詩無達詁」，就是這個意思，因此拿一首詩來考學生，實在不夠意思。以下的考題，是國中一年級的考題：

「欲窮千里目，更上一層樓」，這兩句詩有因果關係，下列何者同為具有因果關係？

(A)兩岸猿聲啼不住，輕舟已過萬重山

(B)蠟燭有心還惜別，替人垂淚到天明

(C)洛陽親友如相問，一片冰心在玉壺

(D)古調雖自愛，今人多不彈

這題，很多教授都認為答案是「以上皆非」，對於出題的老師來講，答案大概是(B)，可是這些教授卻說(B)中的兩句話並無因果關係，因為蠟燭是被動的，如果將它吹熄了，它不可能替人垂淚到天明的，可見，用詩來考學生，有時是很危險的。

我在此對國文教育提出幾個具體的建議：

（1）我建議我們的國文教育不要再「咬文嚼字」了。舉例來說，修辭實在不該如此之受重視。修辭根本是事後諸葛，我絕不相信文章寫得好的人是因為他精通修辭的。

（2）我們可以要求小孩子有一些有關國文的知識，這絕對有其必要，但答案必須非常確定，比方說，如果問《長恨歌》是誰寫的，答案就只有一個；如果問寫「也無風雨也無晴」的作者心情，答案就不單一了，這種題目會考倒小孩子的。

（3）我們可以要求孩子有一定的國學常識，可是實在不要要求過甚，像有的老師要求孩子懂平仄。我小的時候，很羨慕爸爸懂得平仄，就要求爸爸教我，被爸爸一口拒絕了，爸爸的理由是時代不同了，不懂平仄沒有什麼關係的，但如果數學不好，英文不好，大勢就不妙了，時間有限，不必學平仄。現在孩子要學的東西比我小時候要學的還要多，為何要要求孩子懂平仄？

（4）我們絕對可以要求孩子有一定的國學常識，但一定要有一個範圍，我們可以規定孩子會背幾篇古文，但最好事先告訴孩子們是哪幾篇，篇數多一點無所謂。但不論古文或者白話文，都不要出一些題目是沒有標準答案的。

總而言之，國文應該是相當有趣的，絕大多數的學生都會欣賞中國的古詩古詞的，老師應該用盡方法，使學生對於中國文學有興趣，以目前的情況來看，孩子們恐怕是

很害怕國文的。

九、英文不要考得太難

差不多十年前，一位國中一年級學生告訴我，他英文考試幾乎考零蛋，我非常好奇，將他的考卷拿來一看，我到現在還記得第一題，這一題是在open a window, open the window和open window選一個正確的答案，當時的小學是不要上英文的，因此這位學生進國中的時候，還在念a、b、c，這是第一次月考，他根本不認得open和window，更加不知道"a"和"the"之間的區別。我到現在仍不能瞭解這位老師為何出這個題目。這還是最容易的題目，以後就越來越難，簡直慘不忍睹。

這種情形，後來一再發現，有老師會買一些外國人講英文的帶子，放了以後，也不解釋，國中一年級的小孩子如何能懂那位洋人講什麼，我的學生是完全聽不懂，可是

老師要考，這位學生只好交白卷。

英文老師究竟為何要出這種難題，我是百思不得其解，但我知道，對一般孩子而言，英文是很難的，所以我們總不要出太難的題目。

英文考題的生字絕對不能超越書本的範圍，我在第二章第九節所舉的例子中，有不少奇怪的字，至少對小孩子是很陌生的，這種做法相當不對。

我一直在教英文，而且每一周都一定小考一次，小考的時候，一定會考上周課文裡的生字，但考過就不再考。如果我們累積了一個月的生字，學生如何記得？每周考一次，對學生不是沉重負擔，大多數都會記得的，因此都會有成就感。

除了每周的紙筆考試以外，老師最好每一節都有口頭選學生問的習慣，這種做法使學生每天都要準備功課，但大概也不會感到太吃力。我是在上海念小學的，每一天，

老師都會考我們簡單的英文句子，一旦發現我們的文法有錯，就會立刻糾正，久而久之，我們都不會犯基本英文文法錯誤。我敢說，我小時候就不會忘記動詞何時要加s，也不會忘記在很多助動詞的後面，要用原型動詞。

總而言之，千萬不要考得太難，最好是「考試練習化」，如果每天都由老師以口頭方式問學生，學生大概不會緊張，如果平時不聞不問學生懂了沒有，一個月才考一次，很多學生會感到英文很難的。

十、要有好的英文教科書

對初學英文的孩子來講，發音是最重要的，很多偏遠地區的小孩子因為不會發音而一輩子害怕英文，如果一開始就教音標，乃是一種二度傷害，而且我們總不能永遠要查字典，才能知道一個字的發音，我們常會遇到一個生字，多多少少我們都能猜出這個字的發音，而且十有八九

都是對的，這就叫做自然發音法。

問題在於一開始，我們看到一個英文生字，我們是不能念這個字的，這是我們中國孩子討厭英文的主要原因。好的初級英文教科書，一定要附有光碟，光碟有以下幾個有關發音的機制：

（1）每個課文都有錄音，孩子從小就會對英文很習慣。

（2）每個生字都有錄音，孩子可以點這個字，就可以聽到這個字的發音，而且這個發音必須是人錄的，不能是人工合成的。如果點了一次仍不記得發音，可以一再地點，根據我們的經驗，普通孩子點了五次以後，就會記得，最多點十次，一定會記得的。

（3）每一課都有聽寫的練習，軟體會亂數地選一個英文字，讀者經由電腦鍵入這個字，如果拼法有誤，可以再試。

我們博幼基金會用了這種教科書以後，很少小孩子害怕英文的，發音也完全不成問題，當然我們必須購買足夠的電腦。這種投資絕對是值得的，因為如此做，可以克服孩子對發音的恐懼。

我們的英文教科書沒有中文解釋，怪事也。英文裡有很多的規則，這些規則當然必須用中文，才能解釋清楚，所以好的英文教科書裡，必須要有中文。

小孩子學英文，必須一開始就要有文法觀念，而且要循序漸進，也不要講大道理，而是逐步地將英文句子的規矩講清楚。比方說，英文句子裡常常會用到verb to be，一般人說話，也不可能避免用verb to be，因此verb to be要在一開始就教，而且學生必須不能在verb to be犯任何錯誤。如果在verb to be弄不清楚，進行式就不用說了。

大家也千萬不要小看了很多英文裡的規矩，比方說，否定語氣就是一大麻煩，verb to be的句子可以直接加not

的，但一般的句子又要加do這個助動詞，我們的英文教科書中不能有中文解釋，因此這些基本的規矩都無法講清楚，但好的英文教科書一定要將這些講清楚。

文法不能只靠文法書的，仍需要不斷的練習，我們因此建立了一個網站，網址如下：

http://alg.csie.ncnu.edu.tw/englishexercisc/index.php

如果你點進去，可以看到以下的網頁：

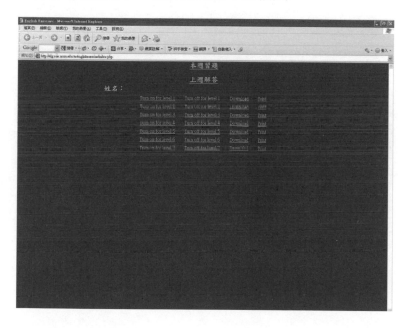

我們的文法練習全部都是中翻英，共分七級，第一級最容易，第七級最難，每一週會有新的題目，如果沒有人教，沒有關係，可以點閱上週解答，你就可以知道你對了沒有。記住，如果你做第一級都有困難，千萬不要做第二級。

　　如果你認為這些題目太難了，可以用博幼基金會的系統，網址如下：

http://alg.csie.ncnu.edu.tw/engtest/

點進去以後，可以看到以下的畫面：

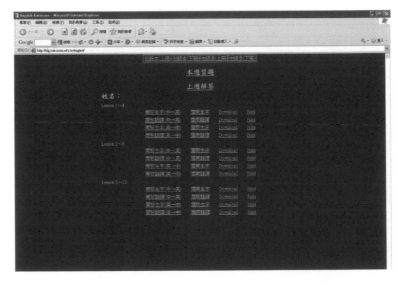

這個系統，分級分得更細，對初學者，這個系統更加好，會使孩子更有成就感。

我發現弱勢家庭的孩子完全依賴教科書，而比較有錢的孩子一定是接觸到很多課外教科書，也就因為如此，好家庭的孩子知道較多的生字，也熟悉很多英文句子，寫出來的句子比較像英文。我所負責的博幼基金會，知道這件事的嚴重性，因此編了一套英文教材，這一套教材有上百篇的英文短文，每一篇短文都不會超過六行，句子也都很短，但是每篇都巧妙地加上一些生字，更重要的是，這些句子都是與文法有關，一開始的短文沒有否定語氣，但是一再練習verb to be，然後就有否定語氣了，以後就有問句了。一開始也只有現在式，以後才有現在進行式，過去式好晚才出現。

每篇短文都配有英翻中、造句、改錯等等，使學生念完短文以後，可以再熟悉一下文法的規則。因為課文極

短，通常十分鐘內就學會了，學生在輕鬆的心情之下讀短文，依然增加了生字，也熟悉了文法，但不會感到吃力。我們博幼的孩子每週都要讀一篇這種短文，一年可以讀到五十篇短文，在不知不覺中，他們的英文進步了很多。

如果想要上網看這些文章，可以進入博幼基金會的網站，或者可以直接利用以下的網址：

http://www.boyo.org.tw/teach/english%20teach-short%20written%20work%20reading.htm

如果你想有朝一日能聽得懂BBC新聞，我介紹你以下的網站：

http://english.csie.ncnu.edu.tw/modules/eWSML/tmp_eng/

不過我必須警告你，對於假設有看BBC新聞的人來講，這個聽力網站是很難的，裡面生字也不少。這裡面也有不少英文名句，讀了以後，英文程度會提高的。

十一、強調學科的基本部分

我常常發現我們的教科書中會出現很多好偉大的項目，比方說，我們的國中一年級自然課本中就有遺傳學的觀念，因此小孩子在國一的時候，就要學會有關DNA的學問，可是DNA牽涉到很多化學，國中一年級的學生不可能瞭解amino-acid的。遺傳學還牽涉到RNA，單單RNA，就可以好好地講很久了，RNA以後還有一個蛋白質要學，我知道我們的孩子學這些玩意兒的時候是一頭霧水，也不敢問，只好硬背。

高中學生的情況也好不到哪裡去，我們的高中生都要學電子的能階，他們都知道1s、2s、2p、3s、3p、3r等等，可是沒有一個高中生能夠瞭解這是怎麼一回事，如果要講清楚，必須懂量子力學，這怎麼可能？上有政策，下有對策，我們的高中生一概將這些東西死背下來，它們究

竟怎麼來的，一概不管。

我們成天批評我們的學生只會死背，可是這都是我們的錯，如果我們不教這些深奧的學問，學生也就不用死背了。

由於我們認為自己是半導體大國，因此就下令高中生要懂半導體，半導體本身就不容易懂，可是懂得了半導體是沒有用的，我們必須知道半導體加入雜質以後的情形才有意義，可是這又是不可能的，因此我們的高中生號稱知道了半導體，其實知道的不僅是皮毛，連門都沒有進去。

為什麼我們會有這種現象？原因很簡單，我們總以為我們該讓孩子知道一些非常有學問的東西，像DNA、電腦、大霹靂、半導體等等，這些都是坊間常提到的摩登科學名詞，作為現代化的國民，豈能不知道這些？至於這些東西能不能解釋給孩子們聽，誰也不管。我們的孩子習慣了這種情形，他們一概用死背來解決問題。

我們教這些耀眼的玩意兒，其實顯示了我們不太重視科目的基本觀念。最顯著的是英文，我們的學生學了好久英文，寫出來的句子依然錯誤百出：

I was wenting to school.

I loves my mother.

He must to work hard.

I want swim.

Where are you buy this book?

I cannot playing basketball.

有一位教授甚至給我看以下的英文句子，非常奇怪，很難想像這是大學生寫出來的：

By European nations develop new GPS systematic is very accurate.

Most of peoples have whose English well or not.

It is important to communication system for information

system.

To learning English worse kids.

The students should to learn communication technology which the student major in computer science.

But USA's chips is a lot Russian to be against USA's hope.

　以英文閱讀而言，也是一樣，有一位教授請學生翻譯以下的句子：

Consider the following figure containing three graphs.

　如此簡單的句子，居然有很多學生不會翻譯。

　總而言之，我們的教育看上去不錯，其實忽略了最基本的部分，而孩子們成天念書，並不知道自己其實連最基本的都沒有學會。

　因此我在此建議我們好好地檢討我們的教材，我們不必一定要教相當深奧的學問，但是一定要教非常基本的知

識，以英文為例，我們總要迫使學生認識很多的英文字，看得懂長一點的英文句子，也不會寫出有荒謬文法錯誤的句子。以數學來講，我們絕對應該培養學生的基本推理的能力，至少要會推導一些簡單的公式，懂得嚴謹的數學證明為何物。如果我們的中學生犯如此多的基本文法錯誤，稍為複雜一點的句子就不懂，也不會推導最基本的數學公式，那我們實在對不起這些孩子。

十二、因材施教

因材施教並非什麼新的教育理念，這是孔子說的，只是我們一直沒有理會孔子的想法而已。以前，很多學校將學生好的集中在一起，同時也將程度差的學生分到同一班，這一班就是所謂的放牛班，被分到放牛班的學生通常因此而喪失了信心，全班都喪失了信心，當然就會變成了調皮搗蛋班，上課時幾乎在胡鬧。好學生班家長的社經地

位通常比較高，他們會對校方施壓，要求校方派最好的老師來教他們的子弟，校方通常也會願意如此做，因為這樣可以提高升學率。其結果是校方幾乎放棄了放牛班的學生。

放牛班的存在使我們政府規定每一班級必須常態分班，也就是說，每班都有程度最好的學生，也有程度最差的學生。這樣做，真能不放棄程度不好的孩子嗎？當然不可能，一個老師在任何情況下，都不可能完全顧到程度最差的學生，要顧到他們，其餘的同學就什麼都沒有學了。我們可以說，在常態分班的制度下，程度不好的同學一定會被放棄的。

我建議在常態分班的制度之下，依學生對某一門課的程度而實行適度的能力分班，而且一定要派最有耐心和愛心的老師去教這些程度不好的同學，課本也要有所不同，程度不好的學生如果發現自己至少會做簡單的數學題目，

可能因此而不再害怕數學。如果英文題目也比較容易，至少他會肯繼續學下去，不會放棄。

對老師而言，最頭痛的是：即使所有的同學都是程度不好的同學，仍然在程度上有很大的差異。如果一位五年級的老師發現班上某位學生不會減法，怎麼辦？大多數學校對這種情形完全束手無策，因此也就假裝這種學生是不存在的。

我們一定要有一種機制，能夠對這種學生給予補救教學，而且一定要從他最根本的弱點教起，以那位五年級學生為例，我們就絕對要從減法教起，因為他如果不懂減法，我們卻已在教他分數加減，他如何學得會？我們可以想見老師在浪費時間。

我曾經碰到過一位學生，他做代數的一元一次方程式錯誤百出，於是，我就給他各種一元一次方程式的題目做，終於被我發現他不會正負數，我就教他正負數，他學

會分數正負數之後，從此會做一元一次方程式。假如我沒有發現他不會正負數，他一定到現在還是不會一元一次方程式的解法。

補救教學最不好的做法是伴讀，有一位孩子功課不好，請一位老師下課以後督促他做今天該做的家庭作業，這種做法，對程度嚴重落後的同學是不管用的，因為他其實根本搞不清楚老師上課的時候在講些什麼，做家庭作業一定也是一知半解地亂做。

可惜的是，目前的補救教育，多半僅僅只是伴讀而已，我敢說，很少學校知道程度不好的學生究竟問題出在哪裡。

因材施教是一件不容易做到的事，如果你不知道學生的程度，也無從知道實施因材施教，所以博幼基金會發展了一套數學的檢測系統，大家不妨和他們聯絡，看看你的孩子數學程度究竟如何。

十三、多給鼓勵

我們國家並非沒有鼓勵制度，但是我們事實上只是獎勵，而非鼓勵。有一次我去參加一所小學的畢業典禮，典禮中不斷地有學生上台領獎，那所小學每班有四十人左右，上台的每班只有三人，而且好像永遠是那幾位，這些都是全班的前三名，我們的確在鼓勵學生，但受到鼓勵是極少數的人，大多數的同學在求學的階段中，恐怕還感到挫折。

以目前的基本學力測驗為例，如果你在台北市，考到了340分，應該算是相當不容易的了。粗算一下，340分差不多等於100分滿分的85分，一個學生在校內考到85分，已經很厲害的了，在校外考到85分，應該算是非常厲害的學生，可是在台北，他如想進國立高中，就只能到非常偏遠的高中去念，對這個孩子來說，這是一個嚴重的

打擊。

　　根據我的經驗，很多學生已經是腦筋很清楚的孩子，將來也一定可以在很多職位上勝任愉快地工作，但是基測只考到200分左右，對他來說，他總認為自己是一個很差的傢伙。有可能，他一輩子都沒有人告訴他，他是很厲害的。

　　在上一節，我曾建議我們要有品質管制，要有品質管制，就一定要有檢測，我的看法是：只要通過檢測，我們就應該給他一紙證明，以資鼓勵。比方說，一位學生學會了分數的加減乘除，我們就該給他一張證明，如果他已學會了一元一次方程式，他就更該拿到一張證明了。

　　我在博幼基金會徹底地實行了這種獎勵制度，請看下一張圖，這是我們給小朋友通過英文生字檢測的證明：

This is to certify that C. T. Kuan

has passed the 1st Grade English Dictation

Test on January 14th ,2009.

李 家 同

以下一張是我們給小朋友文法的證明：

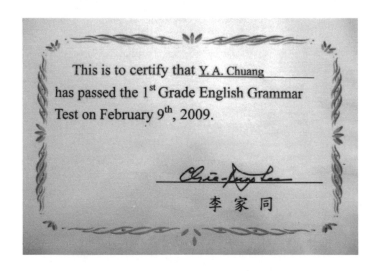

This is to certify that Y. A. Chuang

has passed the 1st Grade English Grammar

Test on February 9th, 2009.

李 家 同

如果小朋友通過了正負數的檢測，可以拿到一張如下的證明：

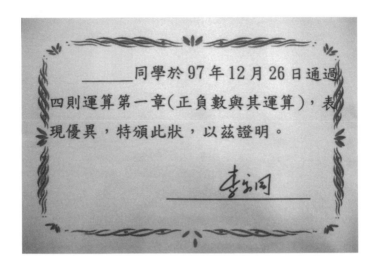

　　_____同學於97年12月26日通過四則運算第一章（正負數與其運算），表現優異，特頒此狀，以茲證明。

　　　　　　　　　　　　李家同

　　我每個月都要在幾百張這種證明上簽字，簽字的時間往往長達二小時。

　　因為我們一直給孩子鼓勵，博幼基金會的孩子都很喜歡念書，我們的孩子每週上課五天，每天三小時，這些孩子們都會自動來上課。

　　我有一個非常好的經驗，可以在這裡和大家分享。我

一直在幫助一位年輕人，他的程度應該算是不好的，但我發現他的理解力相當不錯，程度不好只是因為他小時候從未進過補習班，當然也沒有人替他請家教，他進的國中是個偏遠地區的國中，全校學生還不到八十人，雖然他是全校第一名畢業，基測仍然沒有得到高分，當我首次遇到他的時候，我敢說他是沒有什麼信心的孩子。可是我現在在教他數學、英文和寫程式，我可以很驕傲地說，他已經在四個月內學會了很多寫程式的技巧，甚至也學會了遞迴程式，查了生字，他只可以一字半解的看懂英文教科書，由於我的幫助，他的信心大增，他知道他將來一定可以找到一個不錯的工作。我相信這種學生非常之多，他們都是很不錯的學生，但是他們恐怕從來沒有受到任何的鼓勵，不但沒有受到任何鼓勵，恐怕還受到相當多的打擊，從未有人告訴他們是很好的學生，他們只知道自己相當不好。這種想法，當然會使他們的潛力沒有發揮出來，這是十分可

惜的。

我們做老師的人該時時捫心自問的問題是：我們有沒有給孩子們足夠的鼓勵？我們要知道，一旦孩子受到鼓勵，他的潛力就可能發揮出來。如果我們不常給孩子鼓勵，我們是在埋沒人才。

十四、將難題融入教科書，以杜絕補習班

我們要杜絕補習班，必須先瞭解補習班在我國能蓬勃發展的原因。我國孩子如果要想進入比較好的學校，一定要在入學考試中表現不錯，遺憾的是：假如孩子完全依靠學校老師的教育，只看老師所發的教科書，除非他相當聰明，否則他是絕對無法應付那些考試的，因為我們的教科書裡面並沒有什麼轉彎抹角的題目，只看教科書，考試時一定會慌做一團。

坊間也有不少的參考書，裡面有不少的難題，學生如

果看了這些參考書，應該也就很厲害了。可是大多數孩子沒有自己看書的能力，總需要鞭策，所以大多數家長只好將孩子送到補習班去。

參考書並非教科書，不會由淺入深，更不會打好你的基礎，補習班當然也對你的基礎沒有興趣。即使你經由補習班和參考書進入了高中或大學，你仍然可能念不好高中或大學。

過去，我們也曾設法杜絕補習班過，但都未成功。因為我們都是在入學這件事上著手，我們總以為只要入學的壓力減低了，就會消滅補習班。因此我們廣設高中和大學，雖然入學之門大開，學生想進好學校的意願並未降低，很多中學生就是想進台大電機系，台大電機系所收的學生人數有限，有志者必須考到高分才行，要考到高分，大概只有少數學生可以完全靠學校的教育。

我們也曾一再地在入學程序上下手，比方說，我們想

出了甄試入學和申請入學，兩者其實都未能消滅補習班，因為這些入學方式，仍然需要經過基本學力測驗和學科測驗，要在這些考試中表現良好，又只好求助於補習班了。

我們「教科書不夠用」的現象，在英文和數學這兩門課最為嚴重。以英文為例，英文考題中一定有閱讀測驗，但是一般學生在上課時不可能由老師常常給學生閱讀測驗的，通常，老師給學生上課文，學生已會感到很吃力，再給學生閱讀一篇，學生一定會感到吃不消，所以很多學生要上補習班。英文要學好，基本文法一定要學好，但是我們的英文課本上極少講到文法的，基本文法規則也沒有，我曾在一所學校演講，聽眾全部是老師，我問大家，「有哪一位老師看過一本英文教科書裡講到兩個動詞不能連在一齊用的？」當場沒有一人作答，有一位老師比較膽大，他看到大家都沒有回答，就舉手說「我看過」，我問他是什麼書，他說是參考書，可是他又說他記不得是哪一本參

考書。

我們不妨再舉一個例子，在國中化學課本中，很少提到亞佛加厥定律的，如果提到，也是在延伸部分，而很多老師並不會去教延伸部分的，但是在基測中，有的考題會牽涉到亞佛加厥定律的。

我們不可能使全國學生不想進好學校的，但我們總不能永遠有一個「教科書不夠用」的現象，在前面，我們已經強調我們該有更好的教科書，我們當時的所謂更好，是指教科書應該講解得很詳細，有很多的例題和習題等等，現在我們要求教科書有較難的題目，這些題目都是為了應付考試用的，如果教科書裡沒有這類題目，孩子勢必要買參考書，參考書其實也語焉不詳，而且也太貴，弱勢孩子根本買不起。

問題是，教科書仍然是教科書，它的對象是一般學生，不是程度非常好的學生，因此難題更加要講解得非常

清楚，以數學和理化來講，不能只直截了當地講如何求得答案，而是要將解題的思路歷程都寫清楚，如此做，學生才知道題目的解法是如何得到的，否則學生只能將解法背下來，萬一題型變了，大家又不會做了。

雖然是難題，還是要以例題的形式出現，而且類似的例題越多越好，以數學的時鐘問題為例，我們就應該有一題是問七點鐘以後，時針和分針何時相遇，我們不妨再有兩題類似的題目，比方說，一題是三點鐘，另一題是六點鐘。而且每次都有詳盡的解釋，這樣，絕大多數的孩子都會知道時鐘問題怎麼解了。

入學考試不可能取消，我們就應該勇敢地面對現實，將參考書的內容融入教科書，使得學生們從教科書中不僅可以學到基本觀念，也可以學到解難題的技巧，如此做，很多孩子可以不必在下課以後，又要去上補習班，也可以使弱勢孩子們在考場上有較好的競爭力。

十五、孩子絕對不能太用功

我在前面曾經一再強調小孩子不能功課太差，因為功課太差，會造成基礎很差，以後的學習會有很大的困難。我也一再強調父母和老師都要督促小孩用功。可是我發現有太多的父母過分地望子成龍、望女成鳳，孩子也因此用功得不得了，這絕對不是好現象。

我記得我小的時候，每天晚上都是八點就睡覺了，可是，現在台北市不知有多少的孩子每天寫功課寫到十一點都不能休息，很多父母成天注意孩子考第幾名，即使孩子的數學已經是88分，只因為名次不夠前面，父母仍然會責罵這個可憐的小孩。

給小孩子過分的壓力，會有幾個不良的後果：

（1）孩子的體格不會很好。

小學生和中學生都是在發育時期，必須要有足夠的

睡眠和運動，整天念書的孩子當然不會有好的發育，這一點，可能對他造成終身的傷害。

（2）孩子可能因為未能名列前茅而有不正常心理。

我曾經遇到過一個小孩，他一再向我強調他的老師經常冤枉他，明明做對的數學題目，老師偏偏會說他做錯了，扣他的分，使他的數學成績相當不好。我後來看了他的數學練習簿，發現他前幾次作業的分數都是90分以上，直到最後一次，他得到了86分，當他看到這個分數的時候，立刻悲從中來，淚如雨下，我當時被他嚇壞了，因為我自己是老師，我知道86分已經就是很好的分數，我小時候如果拿到86分，會感到非常快樂，怎麼會淚如雨下，這個孩子之所以會有這種想法，一定是因為父母對他有過度期望的原因。

有時候，我們看到中學生自殺的新聞，這些孩子全部都是功課好的孩子，但是功課好，反而會有不如人的感

覺，普通學生自知不如人，但也不覺得這有什麼了不起，反倒是那些功課非常好，成天用功的學生，完全不能接受一點小小挫折的。

（3）孩子可能高估了自己的能力。

父母壓迫孩子用功，有的孩子果真表現得不錯，這種情形，其實並沒有什麼稀奇，孩子將來也不一定能成為偉大的科學家，可是學校極可能將他選為資優生，而孩子也就糊裡糊塗地自認為是天才了。這種小時候被認為是天才的孩子，多半後來發現自己並不是太厲害，比自己厲害的人多的是，到那個時候，他常常會感到非常的沮喪，父母也會感到失望。

（4）過分用功的孩子往往只想到了自己。

孩子過分用功，大多數不是為了追求真理，而是為了追求高分，全心全力地追求高分其實多多少少顯示了孩子的自私心理，有的時候，他也可能因此而不願幫助其他

的同學，因為幫助了別人，別人的分數提高了，對自己不利。

　　好像我們中國人很多人有這種望子成龍的想法，台灣如此，大陸也是如此。我無意中發現大陸有重點小學，小孩子要進這種小學，還要經過口試，可以想像的是這所小學的孩子一定非常自以為了不起，不僅這種驕傲的心理是不正常的，這些孩子所承受的壓力才是對孩子最為不利的。

　　希望孩子能進入一所好的學校就讀，乃是人之常情。但是如果我們一定要孩子進最好的學校，可能就有問題了，問題是：真的一定要進最好的學校嗎？當然不必，最好的學校，只有極少數的人能夠進去，那麼，其他的人難道都沒有前途了嗎？事實上，在社會裡能夠活得好好的人之中，絕大多數沒有進入這些極好的學校，可見所謂極好的學校，是可有可無的，能夠進去，是件好事，不能進

去，不會是一個大災難。

我們也不妨反過來問一個問題，進入明星學校，一定就有偉大前途嗎？就以台大電機系而言，台大電機系每年約兩百人畢業，你知道他們在哪裡嗎？如果你去問街上的人，恐怕誰也不知道他們在哪裡，換句話說，雖然台大電機系畢業生大都有很好的職業，但真正非常傑出者畢竟仍是少數，很多傑出的企業家又往往不是台大畢業的。

第四章

高等教育的
嚴重問題

一、我國大學的概況

我國大學究竟好不好？這是大家關切的事，我的看法是：普遍而論，我國大學的水準是相當高的，但是，我們的確沒有非常卓越的大學。

一所大學的好壞，最重要的關鍵乃是教授的水準，如果我們看我國所有的大學，不難發現絕大多數的大學的教授水準相當不錯的，新成立的大學常常只請有博士學位的教授，因此這些新大學裡的博士級教授也就特別多，講師級的老師也特別少。我們不該說只有博士才能教大學，但一個大學有很多博士級的老師，總是一件好事。一般比較老的大學，過去有不少沒有博士學位的老師，但是各所大學都有鼓勵這些老師進修的辦法，因此很多大學裡博士所占的比例也都非常高了。國立大學本來就相當不錯，就連私立大學和技職體系的大學，也都有相當多的博士級教

授，而且也都在日益進步之中。

以研究風氣來說，我們大學教授很少完全不做研究，政府的獎勵制度也使很多理工科系的教授能在國際著名的學術刊物上發表論文，這都是幾十年前完全不可能的現象。

至於大學的建築物，實驗室和各種電腦網路設備，我們也都和先進國家相距不遠，很多國立大學的實驗室設備絕對超過了世界的平均水準。各大學的圖書經費也相當充裕的，以我過去服務過的靜宜大學來說，雖然這是一所私立大學，每年的經費都會超過五千萬。

我國大學之所以有如此多的博士級教授，教授們能在國際學術刊物上發表論文，隸屬政府的功勞非常之大，政府不僅逐漸地增加了對大學的補助，國科會對大學教授研究經費上的補助，對於我們的研究有極大的幫助。教授要做研究，常需要研究生，研究生總不能仍然依靠父母為

生，國科會對於研究生所提供的支持，使教授和研究生都能安心地做研究。因此我要在這裡以一位教授的身分對於政府的資助表示感謝。

我敢說，我國大學的平均水準絕對不錯的，你到任何一個國家，如果你不是到最頂尖的大學去念書，而是到一般的大學去念書的話，所受到的教育和在台灣一般大學所能受到的教育是差不多的，但是我們也必須面對一個事實，我們沒有非常傑出的大學，像美國的哈佛大學和英國的劍橋大學，我國的確沒有。

也許有人要問，為什麼我們說哈佛和劍橋是世界上最傑出的大學，道理很簡單，這些頂尖大學中有較多的著名教授，他們在學術上往往成就非凡，在全世界有領先的地位。要在我們國家之中建立這類的大學，當然絕非易事，我們如果成天想有這種大學，可以說是完全不切實際，但是我們總應該設法使我們國家的大學有進步，因此我在以

下幾節會和大家談談如何使我國的大學更加好。

二、我國大學教授的薪水太低

　　我國大學教授的薪水，和大陸、香港、日本和新加坡比起來，絕對是低的。以我而言，在我退休的時候，一位正教授的薪水是十萬台幣左右，助理教授最為可憐，只有六萬元左右。有好一陣子，國科會給每位得到傑出獎的教授每月二萬五千元的補貼，可是不知何故，這筆補助也取消了。目前，國科會雖然仍有傑出獎，但人數極少，而且每人只能領一次，每次只能領兩年，意思是說，你雖然可以多一點薪水，但只有兩年。

　　最近，由於政府實行一種很奇怪的五年五百億的大學補助計畫，很多大學可以大幅度地提高傑出教授的薪水，但是這種高薪並非永久性的，政府不可能永遠有五年五百億，總有一天，這些傑出教授會發現他們的薪水忽然

減少了一大截。

政府始終不能對於我國教授薪水太少提出對策，實在可惜。由於我們廣設大學，教授的數目的確太多，即使只提高國立大學的全體教授薪水，也是不可能的，但是政府只要能夠制定一個政策，對於國立大學中的特別傑出者，永久性地增加對他們的補助，問題就可以解決的。

我所提到的「永久性」補助，乃是所有關鍵之所在。政府目前所設立的講座教授制度，也使一些教授的薪水增加了，但這是暫時性的，最多三年，三年以後，這位傑出教授的薪水又會被打回原形，試想，這位教授的心情會好嗎？他如何向家人解釋，他的薪水又少了。

在台灣，這種非常傑出的國立大學不多的，最多不會超過十所，每所傑出的程度也都不一，舉例來說，台大絕對是最傑出的，因此，政府不妨給最多的補助，因為這是永久性的，這種補助只能用在提高傑出教授的薪水上，這

樣一來，台灣至少有幾所大學可以用高薪請教授了。

我們要使一所大學非常卓越，一定要使這所大學能請優秀的教授，如果薪水太少，而附近國家或地區的大學教授的薪水又如此之高，我們怎麼可能和他們比。

我相信政府不是不知道這件事的嚴重性，但是政府始終不肯制定一個永久性的制度，惟有建立一個永久性的制度，使卓越的大學能永久地有較多的政府補助，我國的大學教授薪水問題，至少可以得到部分的解決，全面的提高，當然是件好事，但這更困難了。

三、教授勤做研究，未能深耕學問

我國教授最近所發表的論文，無論在質和量上，都有顯著的進步，這是一件非常了不起的事，可是，我們似乎仍少了非常有分量的論文，為什麼會有這種現象呢？難道是我們的教授不夠用功嗎？

我們的教授的確是非常勤奮的一群，很多大學到晚上，實驗室依然燈火通明，就可知我們教授之認真，教授如此認真，與國家的政策有關，我們的政府非常重視教授論文的發表，無論申請國科會的研究計畫，或者要想升等，都要有論文發表，而且評鑑人員也經常會有意無意地計算某某系教授所發表的論文數目。

　　論文當然應該發表在好的期刊上，因此政府強調教授的論文必須發表在所謂有SCI（Science Citation Index）或SSCI（Social Sciences Citation Index）認證的刊物上，同時政府又不承認你過去的成就，以國科會而言，如果你要申請研究計畫，你必須在近五年內有論文發表，我常想，幸好愛因斯坦不是台灣教授，他在二十幾歲以後就不再有論文發表，在台灣，愛因斯坦早就被國科會認為是不可造就者了。就因為這種壓力，教授的確是很用功的，但是，我們必須認清一件事：很多教授，都是在努力地想做出一些

結果來，而沒有花力氣將自己的根基打好。也就是說，大多數的教授都在做研究，而非做學問。

做研究和做學問是有不同的，做研究的人往往想擠出一篇論文來，做學問的人卻比較會花時間將該學的學好，在短時期內，做學問的教授看起來一事無成，可是，時間一長，學問好的教授就表現得好得多了。因為要能在短時間內做出結果來，我國很多教授不敢做非常難的研究，永遠選擇比較容易的領域，這種做法，的確比較容易有結果，但是比較不會有非常令人吃驚的結果。

好的研究往往是要有學問作為基礎的，以計算機科學為例，非常精采的結果一定是用了相當多的數學，如果數學不好，很難有意想不到的結果的。

最有名的例子是有關質數的問題，在我們計算機科學領域裡，我們一直希望能夠證明一個正整數是否為質數，比方說，1，3，5，7，11，13等等都是質數，2，4，

6，8，9等等都不是質數，小的正整數，要知道它是否為質數，是很容易的，對於大的正整數，問題就很難解了。我們是希望知道有沒有比較不會花太多時間的演算法可以解這個問題，如果能證明不可能有簡單的演算法解這個問題，也是一大貢獻。可是，人們一直找不到很快的演算法來決定某一個正整數是否為質數，也無法證明這種演算法是不可能存在的。2002年，印度教授和兩位大學部學生合作解決了這個難題，他們提出了一個所謂多項式的演算法來檢定一個正整數是否為質數，任何人讀了這篇論文，就一定會發現這位教授的數學程度非常之高，他用的數學都不是一般計算機系教授所懂的，他之所以能解決了這一個千古難題，絕非他在計算機領域上厲害，而是因為他的數學極好。

我可以舉很多的例子來說明學問的重要性，以所謂「零存整付」演算法為例，幾乎所有這方面的大師都是數

學家出身的。

我們教授成天忙著想出論文，不太能夠靜下心來潛心做學問，也許有一位教授知道自己的數學程度不太夠，但也沒有時間將數學的底子打好，如果他要這樣做，幾年內，他勢必無法寫出任何一篇論文來，國科會一定不會給他什麼研究經費，校方也一定會給他不好的臉色看，因為能否拿到國科會獎助金，一直是大學評估教授的指標之一。

有時，我們不免會懷念我們國家過去的確有很多有學問的大師級教授，他們是公認有學問的人，但是他們並不是一天到晚發表論文的人，像梁實秋教授就是這類的人，我想錢穆教授也是這樣的人，可惜我國最近這種人好像不多了。

四、大學未能注意學生的真正學問

一所大學如果要出名，除了要有非常好的教授以外，還要有相當多好的學生，也就是說，一所大學如果產生了很多傑出的校友，這所學校也就跟著有名了。我不懂如何培養傑出的政治家，因此我在這裡談談如何能培養傑出的學者。

很多大學總認為要培養一位傑出的學者，最好早一點讓學生做研究，我常常注意到大學部的學生在三年級的時候就已參加了教授的研究團隊。我自然不會反對這種做法，可是我覺得我們有時忽略了一件事：沒有讓學生打好深厚的基礎。

以文學為例，我們總應該使學生熟讀經書，我有時發現有一些學文學的大學生，對現代的文學理論很熟，可是卻對古典的文學不太行，這實在不是好的現象。我們學中

國文學的學生總應該對中國的文化非常瞭解的，否則你很難得到學術界的尊敬的。

對於所有理工學生而言，物理、化學和數學都是相當重要的，如果一所大學要想自己的校友成為優秀的學者，其實應該壓迫那些菁英學生多讀這些基礎課程，如果一位電機系工程師在物理上有深厚的瞭解，他當然比較有可能在半導體科學上有突破性的見解。如果我們希望一位學生在電磁學上有成就，一定要使他在數學上有很好的基礎。

最近，政府給了很多大學不少的補助，像五年五百億就是大手筆的補助，但政府從未要求那些大學加強對於菁英學生的要求，我們有不少學校裡是有聰明學生的，這些學生也極有可能成為非常優秀的學者。政府應該要求這些接受巨額補助的大學，採取一些特別的措施在栽培一些可能成為優秀學者的菁英學生，這些措施就是誘導這些菁英學生多讀國文、英文、物理、化學、生物和數學這一類基

本課程。以理工學院學生而言，不妨壓迫那些聰明的學生學高等微積分。高等微積分對於一般學生當然不容易，但這些大學的學生已經是聰明的孩子，而我們講的又是聰明學生中的佼佼者，讀高等微積分不會有困難的。

我非常不贊成政府鼓勵成績好的學生早早畢業，我一再看到有些聰明學生一帆風順地拿到各級學位，可是後來卻表現得很普通，考其原因，無非是因為他的基礎學問仍嫌不夠。我們將一位菁英同學留在學校裡多讀一些課，他當時也許會有些埋怨，以後絕對會感謝的。

我們的大學往往要求菁英學生很早就做研究，以資訊系同學為例，很多大三學生就以天才學生的姿態替教授寫程式，每天要花很多時間做這種工作，這樣做，極可能害了他，因為他幾乎沒有時間去念數學了。總有一天，他會發現他在學術界弄不出所以然來，因為那些在學術界上有成就的，多半是在基礎學科上有深厚根基的。

五、大學往往忽略了課程的基本部分

　　大學教授目前都面臨一個困擾，那就是無論那一門課，都有很多的材料可教，負責的教授往往覺得自己有責任將這些都讓學生知道，其結果是學生好像學會了好多東西，卻對每一個部分都搞不太清楚。

　　時間有限，做教授的絕對要小心為之，不要操之過急，而使學生囫圇吞棗，好像什麼都懂，其實什麼都不懂，如此畢業的學生，不可能有什麼出息的。最嚴重的是：教授們往往對課程內部最基本的觀念，反而沒有講清楚。這是很可惜的。

　　就以物理來說，物理的內容越來越多，可是，有些基本觀念卻是不能不弄清楚的，可是，很多物理系的學生雖然學了一大堆好高深的物理，卻未能回答很多最基本的問題，並不是教授們自己沒有學問，而是教授們往往不知道

這些基本觀念其實是很難的，如果教授不仔細地講這些基本觀念，學生反正一向對學問一知半解，有時甚至根本不知道自己不懂，因為基本觀念看起來好像很容易似的。

幾乎每一位電機系學生都知道在算分析電路的時候，要用到虛數 ，同學們都會做出習題，也會應付考試，但如果有人問他，自然界那有虛數，為何電機裡有虛數出現？很多電機系同學回答不出這個問題，如果問他在什麼條件之下可以用 ，他也可能答不出來。在學通訊的時候，頻率可能是負的，如果你問他自然界有負的頻率嗎，他一定回答說沒有，因此他也就不懂為何通訊理論裡會出現負的頻率。

最令我擔心的其實是我們的英文教學，很多大學都會宣稱他們有多少偉大的英文教學課程，從英文會話、英文作文一直到古典英文文學，看起來真是林林總總，如果將這些課程學好了，英文豈有不好之理，但是，我們一定

要知道，很多大學的學生英文程度實在不理想，一大票學生的英文文法錯誤百出，教授教了他很多寫英文作文的原則，即使他照了這些原則去寫，寫出來的英文文章仍然不忍卒睹，因為裡面的句子根本就犯了文法上的錯誤。

六、大學往往不太重視學生的普通常識

大學生的專業知識固然重要，普通常識其實更加重要，因為很多大學生幾乎完全靠普通常識生存的，即使不完全依靠普通常識，也必須要有普通常識。

我有一次在一個國家演講，我不會那一個國家的語言，只好用英文，當場有人將我的英文翻譯成那一個國家的語言，演講中，我提到了WTO，事後那位翻譯官居然將WTO譯成了World Traveling Organization。還有一次，我在HBO頻道上看一部電影，這部電影有關F-16戰機，F-16的製造商是General Dynamics，中文譯名是通用動力，乃

是一家非常有名的美國國防工業公司，這部電影當然也提到了General Dynamics，但中文翻譯將它譯成了戴納密將軍，翻譯者並非英文不好，而是普通常識不夠。這一類翻譯上的錯誤是經常發生的，看電影時往往令人啼笑皆非。最普通是英文名字有時會有Junior出現，某人如果名字和爸爸相同，而爸爸又是有名的人，這時兒子的名字上就會加入Junior，最有名的例子應該就是最近的美國布希總統，在中文，我們常稱他小布希，就是因為他的爸爸也曾是美國總統，但是我經常看到電視裡將Junior翻成裘尼兒。

學生如果普通常識不夠，一定吃很大的虧，就以翻譯為例，無論你的語言有多好，只要你的普通常識不夠，自然會譯得錯誤百出。缺乏普通常識，也會使我們在應對上犯錯，白宮曾經以國宴招待伊朗國王巴勒維二世，國宴上有音樂演奏，曲目中有「阿拉伯之夜」，對美國國務院而

言，這支樂曲應該是可以迎合一位伊朗國王的，沒有想到巴勒維二世當時就大為光火，幾乎要以離席來表示抗議，因為他說伊朗人是波斯人，波斯人和阿拉伯人是世仇，美國人不該在國宴上演奏伊朗敵人的音樂。由此可見，普通常識多麼地重要。

即使是專業方面，也有普通常識的問題，舉例來說，恩隆案一直是我們金融界的重大掏空企業的案件，一家著名的會計師事務所甚至因此而關了門，可是，我們很多大學的管理學院學生居然完全沒有聽過恩隆案。我當時對這種現象非常訝異，為什麼我國管理學院學生會不知道恩隆案呢？原因是我國很多管理學院的教授們其實太強調書本上的知識，而沒有在上課的時候隨時穿插一點書本以外的知識。這和很多外國著名大學完全不同，他們反而非常重視所謂的過案研究，恩隆案發生了，很多著名大學的管理學教授一定會大談這個案子。

我們工學院教授也有這類問題，很多機械系的學生不知道工業界的精密機械精密到什麼程度，很多電機系學生搞不清楚嵌入式中央控制器的大廠是什麼，這種情形，實在應該歸罪於我們的教授，因為我們的教授不太會將這些課本外的知識傳授給學生了。

我曾經測試過大學生的普通常識，結果實在很糟，很多大學生不知道帕布政權，將戴高樂誤以為是一種積木，將阿拉法特誤以為是一種法國軍艦，也不知道貝多芬所寫的田園交響樂。我們必須承認這些都是相當嚴重的事。

要使學生有較好的普通常識，我們的教授們必須揚棄過分依賴教科書的做法，老師們應該常常告訴同學們一些有趣而又重要的新聞和典故，同時，大學應該注意通識教育，因為通識有增加學生普通常識的功能。

七、大學的通識教育不夠有趣

　　大學都有通識教育的課程，這當然有其必要，因為學生們的普通常識都是需要加強的，可是，我們的通識教育有時會陷入一種迷思，認為我們一定要設計若干課程，像歷史、文化、音樂、法律等等，然後學生必須從這些課程中選修一些課程，大家總以為學生學了這些課程以後，就具備了相當不錯的普通常識。其實，普通常識浩如煙海，以歷史為例，單單我們自己的歷史，就可以讀上幾年，都未必能通，如果再加上外國的歷史，那更是一輩子都學不完。美國入侵阿富汗，現在陷入了泥淖，進退兩難，考其原因，還不是因為當年的入侵計畫者大概搞不清楚阿富汗的歷史，阿富汗是一個不好惹的國家，大英帝國1842年從阿富汗撤軍的時候，一萬六千人只剩下了一人生還。說實話，我敢說我們念外國歷史的時候，誰會注意到阿富汗的

歷史呢？

　　所以，我們通識教育的目的不該是使學生真正地有足夠的普通常識，因為普通常識永遠不夠的，有誰能在大學畢業的時候，就已學富五車呢？我們通識教育的目的應該是使學生對各種知識都有興趣，比方說，最近全世界發生了很嚴重的金融風暴，好多銀行倒閉，多少人因此而失業，究竟為什麼會有如此的金融風暴，這就是我們人人都該問的問題。如果一個人只知道有了金融風暴，而不知道金融風暴的來源，他將來永遠都是一個普通常識不夠的人。

　　如果我們要使大學生有好奇心，而且對各種事情都有興趣，就必須教得活潑一點。就以我國歷史而言，我們的歷史好像只講帝王將相的事情，我們常提到外族入侵的事情，但是對於外族的文化，大多一字不提，我到好晚才知道滿族是有文字的，而且滿文和我們漢文完全不同。滿

文雖然與漢文完全不同，我卻又發現了西夏文和漢文極為相似，這些民族的文字究竟哪裡來的？對西夏人和滿人而言，他們的文字好像都是外來語，那麼在他們定了這種文字以前，他們用的是什麼語言呢？這都是一直困擾我的問題，也是當年我學歷史時沒有學到的東西。如果我們教歷史的時候，也介紹各個民族的文化，我相信大家會對我國歷史興趣大得多。

我們常提到某某政府猛印鈔票，以致引起了大幅度的通貨膨脹，問題是：政府可以猛印鈔票嗎？我們的政府可能猛印鈔票嗎？何謂庫藏股？何謂減資？何謂換股？何謂連動性債券？這些都是有趣的問題，極為有用，也都不是難的問題。可是，我發現我們大學中很少人懂這些東西，有很多人選了很多管理學院開的課，卻對這些東西完全不懂。

無論哪一門學問，都有它有趣的部分，歷史更是如

此，即使教法律，也有它有趣的部分，比方說，大家都知道美國有大法官，可以解釋憲法，但英國有大法官嗎？法律也和歷史扯上了關係，比方說，「新聞自由」這種觀念，也是最近才產生出來，這一段曲折的歷史，絕對是我們青年學子所感興趣的。

我在暨南大學教書的時候，常有機會和歷史系的徐泓教授閒聊，有好幾次，都有其他學校的學生在場，他們聽了徐教授講很多歷史上的掌故，都有如沐春風之感，他們都說，如果每位歷史教授講課都如此有趣，他們可能都要改行念歷史了。

八、我國大學生嚴重地缺乏國際觀

大學生應該對全世界的問題表示關心，而外國的重要大學，卻一直都有這種傳統。我有一次在法國巴黎遊玩，發現一座文化中心有很多會議室，那些會議室門口都貼了

牌子，說明是什麼人在裡面討論什麼議題，就在那一天，我至少看到了四間會議室在討論非洲問題。

對於我國的大學生而言，非洲實在遙遠，國內的媒體很少提非洲的新聞，電視台恐怕已經很久沒有提到非洲了，難怪我們的大學生不會討論非洲了。可是非洲的問題極可能影響到世界和平的，最嚴重的是索馬利亞的內戰，索馬利亞的內戰從1991年開始，直到今天，尚未結束，索馬利亞的首都內，有一半被叛軍所占領，而叛軍又是伊斯蘭教激進分子，他們如果真的奪取了政權，索馬利亞將成為第二個阿富汗。索馬利亞的叛軍也在秘密地支持葉門的叛軍，如果葉門的叛軍得逞，世界上將有三個阿富汗。

在九一一事件發生以前，美國首都華盛頓正有「山雨欲來風滿樓」的感覺，為什麼呢？因為國際貨幣基金組織和世界銀行都要在華盛頓召開年會，而美國的各大學學生向來對這個組織極為反感，他們正在組織大串聯，要在這

兩個組織開會的那一天，到華盛頓來舉行大規模的示威活動，這些大學生當然無錢住旅館，一定會到華盛頓各大學的宿舍裡去擠一擠，因此幾乎所有的華盛頓地區的大學都宣布在開會期間放假，所有的宿舍淨空，很多從外國到美國來念書的學生還可以拿到機票回到祖國去，可見得美國大學生對世界問題的關心，他們大多認為國際貨幣基金組織和世界銀行的政策，使得這個世界上富者愈富，貧者愈窮。一般說來，全世界著名大學的大學生對於所謂八大工業國家也都不滿的，所以八大工業國家會議永遠躲躲閃閃地在非常偏遠的地方舉行，以防大學生群起而抗議之。

目前，全世界都注意到非洲蘇丹的達佛(Darfur)難民問題，這裡一直有二百萬難民無家可歸，因此，每年都有世界達佛日，全世界有三百多個城市會舉行各種的活動，以喚醒世人對於達佛地區難民悲慘情況的重視。這些活動絕大多數都是在大學內舉行，參加的也是大學生。而我國的

大學生似乎完全地忽略了這一天。

　　大學生是年輕人，年輕人通常比老年人有理想，因此希望世界會更好，我們的世界絕對不是一個理想的世界，戰爭、貧富不均、自然資源的消耗殆盡等等，都是我們該注意的，我國大學生對於這些問題漠不關心，乃是一件十分嚴重的事。考其原因，乃是因為我們的大學本身就對這些問題毫無感覺，大學教授成天忙忙碌碌，無非都是在注意自己的研究結果。

　　好的大學一定會關心全世界問題的，我國的頂尖大學永遠以為自己已經發表了很多很不錯的論文，就已躋身世界，但是，如果我們頂尖大學的學生仍然毫無國際觀，我們的頂尖大學不可能對全世界有什麼影響力的。

　　對於我們的學生而言，缺乏國際觀，更加可怕。如果我們只知道努力地發展新產品，而對世界大事毫不知情，萬一世界上爆發了一件大事，令全世界陷入恐慌，試問，

我們的新產品又能賣給誰呢？一個富人如果獨自地生活在一個極為混亂不安的社會裡，他也不可能生活得很好的。世界上任何一個國家，也不能單獨地富有的，因為富有國家的產品也要外銷到國外去的，如果全世界其他的國家都是窮的，這個國家是不能夠繼續富有的。

如果全世界的自然資源都用完了，我們這些教授的偉大發明有用嗎？如果全世界的水資源繼續地惡化，我們能夠生產半導體產品嗎？我們關心全世界不僅僅是一個道德的問題，也是基於事實上的需要。

由於我國的媒體對於國際新聞不太重視，我本人替博幼基金會的孩子成立了一個國際新聞週報的網站，每週四，我們會發布三十幾則國際新聞，我這個網站完全靠一些非專業的志工支持，當然不夠好，但總是不無小補。以下是網站的網址：

http://alg.csie.ncnu.edu.tw/enews/

九、工學院學生普遍缺乏工程理解力

要培養一個優秀的工程師，並非易事。好的工程師會對工程有感覺的，什麼叫做工程感覺呢？我們不妨從寫英文句子開始，英文句子一定要不犯文法的錯誤，但沒有文法錯誤的英文句子有時完全不對，因為看上去就不像，要寫好的英文句子，我們必須對英文有感覺，該怎麼寫，就怎麼寫，這種感覺不是精通文法所能得到的。

工程師也是如此，一位好的電機工程師，一看到某一電路，就可以預料得到這個線路的功能，也可以知道這個線路對於不同輸入的反應。他也會發現這個線路中的一些缺點，比方說，偏壓太高，或者是負載太低等等。而要知道這些，優秀的工程師是憑感覺的，而無需靠公式。

可是，我們的工程教育絕對沒有使我們的工學院學生有這種感覺。我們的工學院教育太注重理論，因此學生往

往缺乏工程師應有的感覺。以機械工程師為例，機械工程師可能不知道材料加工的技術，也可能不知道常見的生產技術。

工程師的感覺，也可以叫做實務理解力(engineering sense)，我國的工學院畢業生，對公式的推導，絕不亞於外國學生，可是一談到實務，我們就比外國學生差了一大截。我們工學院學生的確學過不少控制的課程，但是好像只學會了Laplace Transform，叫他設計一個真刀真槍的控制系統，他就不會了。這就是所謂缺乏工程理解力。

我國工學院學生為什麼有這種現象？我將原因列在下面：

（1）我國工學院教授最近正面臨相當大的壓力，這種壓力就是要發表論文，一旦教授成天要發表論文，就不可能顧到實務的了，因為實務經驗不可能變成一篇極有學術性的論文的。

（2）大多數教授認為教「大觀念」比較重要，因此所教的也就很抽象，只提到了高階的block diagram，至於如何實現任何一個block diagram，教授們多數其實不知如何去做，久而久之，就索性不談實務了。

（3）我國的技職體系學校正在「大學化」，很多技術學院和科技大學越來越放棄技術，這也是使我國工程學系學生實務知識落後的一大原因。

（4）我國的大學教授往往不知道實務的重要性，他們總認為書本上的知識就已很夠了，他們懂得了那麼多的理論，實在不明瞭要知道實務有何重要。以引擎為例，他們總認為書本上對引擎的介紹已很詳細，做一枚引擎有什麼困難？其實世界上能做非常好引擎的公司是不多的。

政府不能不再注意我國工學院學生缺乏工程理解力的問題了。要解決這個問題，我們一定要改變對工學院的評鑑制度，我們一定要使得所有的工學院學生都有最低的實

務經驗，但這一切都有賴於工學院教授的覺醒，如果教授們始終不認為實務是非常重要的，我們的工學院學生永遠都只會理論，而不會動手做。

十、非常不對的五年五百億做法

政府最近施政中，最奇怪的施政乃是五年五百億，所謂五年五百億，乃是由政府在五年內，給一些頂尖大學五百億，希望他們能夠在五年內成為世界前一百大中的一所。我對這個政策真是百思不得其解，忍不住要藉此機會，說說我反對這種政策的理由。

（1）任何教育的政策都應該有長期性的，短期性的補助應該局限於資本門，比方說，有一所大學需要一棟新的大樓，政府當然可以補助，而且這是一次性的補助。但是任何要使大學變得非常卓越的措施都一定不是資本門，試問，造一座大樓以後，某某大學就會變得非常卓越嗎？

沒有好的大樓，大學的確不可能卓越，但是有了一座新的大樓，大學不會因此而變得卓越的。

如果要使一所大學卓越，最重要的是使這所大學有世界級的教授，這當然是需要經費的，可是這種經費的補助必須是長期性的。最近，有好幾所台灣的大學，經由五年五百億的補助而增聘了很多有名的教授，也提高了校內傑出教授的薪水，但是，這些都無法持久的，因為五年五百億一旦停了，著名教授請不起了，傑出教授的薪水也加不成了。政府的這種政策，絕不可能使大學能無後顧之憂，當然也不可能卓越起來的。

誰都知道，一所好大學也應該有相當多的教授，也就是師生比要高，五年五百億的補助之下，有些大學的確增加了教授的數目，但是很多教授是所謂的約聘教授，也就是說，這些教授是臨時性的，校方無法保證能否讓他們永久地做下去。這些教授因此也就成了學校裡的二等公民，

要盡很多義務，但並不能享受其他教授所享有的權利。

教授薪水不高，教授不夠多，都應該加以改善，可是要改的是制度，而不是短期的補助。

（2）五年五百億的補助款中有很多是有關研究經費的，這恐怕是絕對的浪費，研究經費向來應該來自國科會，現在教育部要把錢給那些頂尖大學，居然慷慨到也給研究經費。這些頂尖大學的傑出教授們一直是可以從國科會拿到鉅額研究經費的，現在機會來了，他們只要將原來從國科會申請到的A計畫，稍加修改以後，就變成了A′計畫，而且拿到的金額大得多，一夕之間，這些明星教授又替校方增加了經費。

好的大學裡的教授，應該有足夠的研究經費，這是天經地義的事。如果我們最傑出的教授仍有經費不夠的現象，政府應該加以檢討，而且應該徹底地改革制度，而絕不是短期地給予補助。

（3）政府沒有乘機要求大學做最基本而徹底的教學改革。我一直認為，一所卓越的大學，除了有卓越的大師級教授以外，還要有有學問的學生，有學問的學生一定在基本學問上有深厚的基礎，比方說，這些學生在國文和英文上都很厲害，對於理工科學生而言，他們必須在數學上相當好。

如果我是五年五百億的策畫者，我一定會要求那些拿大錢的大學對他們的學生做更高的要求，他們當然不必要求所有的學生都讀比較高深的課程，但是至少要物色一批極為出色的聰明學生，替他們設計一套特別的課程，使他們學問的基礎打得非常之厚，將來這些學生的表現一定會比較好的。

最近，政府仍要再來一次五年五百億的計畫，這次索性要求學校和六大新興產業掛鉤，這使我感慨萬千，只好以長嘆一聲來形容我的感覺。首先，所謂六大新興產業

就是一種很危險的想法，因為很多政府所訂定的產業事後未必成得了氣候，這不是我的重點。我的重點是：大學的重要使命是教育出一批有能力的學生，這批有能力的學生當然會對我國的產業有所貢獻。但是，何謂有能力的學生呢？我仍固執地說，有能力的學生一定是在基本學科上有深厚基礎的人。

目前90％的手機用的是ARM公司所出的CPU，ARM公司最有名的功臣Steve Furber卻不是電機出身的，他的學士學位是數學，博士學位是流體力學，兩個學位都是從劍橋大學得到的。

我們當然希望大學能培養出人才，可以替國家發展好的工業，但是大學最重要的功能乃是使學生成為真正的人才。就以綠能科技來說，我們如果要有好的綠能產業，不是於大學設立一個綠能科技研究中心，就可以對綠能產業有偉大的貢獻。因為綠能科技的產業，所需要的是優秀的

物理學家、化學家、電機工程師、機械工程師、化工工程師等等，我們應該要求的無非是大學應培養優秀的物理學家、優秀的化學家等等，他們可以替綠能產業服務，也可以替任何一個產業服務。

教育部的五年五百億計畫中明列了幾項他們認為偉大而重要的科技領域，不出所料，這些領域是奈米、生物醫學、資訊、電子等等，果然，機械和化工不列名，教育部顯然不知道機械和化工對國家的重要性。教育部還指名道姓，叫大家在Science和Nature上發表論文，這倒使我受寵若驚，因為我有在Science發表過論文的人，可是我必須在此澄清，我的同行從未提到過我的這篇論文，我在其他刊物上的論文其實難得多。

最令我感到失望的是教育部在五年五百億的文件中一字不提人文學科，好像一個大學的卓越與否，只和科技有關，而與人文學科無關。這當然是不對的，我們都希望我

國的大學能夠卓越，該如何辦呢？我的看法很簡單，教育部一直都在給各大學補助，對於國立大學中的頂尖者，教育部應該永久性地增加教授的人事經費，這些大學可以安心地聘請更多的大師級教授，也可以永久性地增加傑出教授的薪水，但也應該要求這些拿到補助的學校加強對菁英學生的教育，教育部一定要知道，羅馬不是一天造成的，教育沒有速成的可能，細水長流才是唯一的辦法。

十一、如何使大學生更有創意

創意的重要性，不用多談，人人都知道。我們都羨慕那些極有創意的人，每所大學都希望自己的學生將來可以媲美那些偉大的科學家，如牛頓、愛因斯坦之流。要如何有創意呢？誰也不能說，有創意有什麼祕訣，只要照這祕訣去做，保證有創意。世界上沒有這種祕訣，但我仍在此提出一些想法，告訴大家，在什麼情況之下，創意比較可

能被激發出來。

（1）我們一定要知道學術上的創意必定建築在學問之上，如果沒有學問，創意是不可能產生的。大家都常聽說，牛頓坐在樹下，被落下的蘋果打中了頭，因此想出了萬有引力定理，這實在太荒謬了。牛頓的萬有引力定理見諸於他寫的「自然哲學的數學原理」（Philosophi Naturalis Principia cipia Mathematica），這本書是非常難懂的，當時微積分不像現在被大家所使用，牛頓之所以能推出萬有引力定理，完全因為他 在物理和數學上都學問極大。他自己也說：「我站在巨人的肩膀上，所以看得比較遠。」

我們常說馬可尼發明無線電通訊，因為他在1897年成功地發射了海對海的電波傳送，大家都稱讚他的創意，但卻忽略了他對調頻技術上的貢獻，說來有趣，調頻並非完全和電機有關的學問，調頻是和數學有相當密切關聯的。

無線電通訊，又與麥克士威定理和赫茲實驗有關，如果馬可尼沒有這些學問，他也無從發明無線電通訊。

因此大學教授們一定要先使學生們有學問，沒有學問，搞不出什麼創意的。

（２）我們一定要鼓勵學生有挑戰權威的習慣。我國的學生有崇拜大師的習慣，對他們尊敬之至，寫文章也會經常引用大師之言。在這種情況之下，何來創意？

我常和同學談一個問題：那就是IP地址的問題，我問同學們為何我們的電腦中要有這個令人頭痛的玩意兒，為什麼不學學手機，手機可以對外通訊，但是手機內並沒有IP地址，用手機的人走到哪裡，別人都能追蹤到他，而電腦為何無此功能？這已是好幾年前的事，當時的同學們紛紛不同意我的想法，認為我是老糊塗了。現在我當初的觀念已經是事實了，當初同學為何不同意我的想法，無非是因為書上就是這樣教的，他們不敢挑戰書本也。

我們的同學無論用什麼軟體和電腦語言，無論這個軟體或電腦語言如何地不好用，一概默默地接受，我有時忍不住對某一電腦語言批評幾句，同學們和其他教授們都會群起而和我辯論，他們的第一反應不是考慮我的話有沒有道理，而是立刻替別人辯護。其實那些電腦語言又不是他們寫的，為何要替他辯護？我國學生都用Window作業系統，誰也不敢說我要發展一個更好的作業系統，結果芬蘭的大學生發展了Linux，他們會有不滿意的時刻，我們的學生連不滿意的觀念都會感到非常陌生。

　　我們常要求同學看懂論文以後就講給大家聽，如果有人認為這篇論文有些地方有問題，同學們的反應多半是替論文辯護，大家不敢挑戰大師也。

　　大學最好多鼓勵同學用功念書，但也要鼓勵他們對現狀不滿意，一個博學多聞而又不滿意現狀的學生，才可能有創意的。

第五章

我們的教育
可以更好

一、免試升學可行嗎？

我們有太多的同學因為升學而用功到了極點，因此政府老是在想一些方法來減輕升學的壓力，雖然政府沒有確切地說他們要實行免試升學，但他們卻不斷地提起這種機制。

現在的免試升學只是局部的，但我們仍可以從目前的免試升學看出它是否有意義。免試升學的辦法是指定A國中可以有幾個名額免試進入附近的B高中，B高中樂於接受這種學生，但他們當然要收功課非常好的學生，通常只有全班前三名以內的學生可以經由這種管道升學。

問題是，如此的升學方法，能減輕學生升學的壓力嗎？當然不會的，因為那所鄰近的高中要收前三名以內的同學，同學們恐怕會更用功。最糟糕的是：這種方法還會引起同學之間的互相惡性競爭，會對每一次考試的分數非

常的在意，老師們當然變成了家長埋怨的對象，只要能爭到較好的分數，家長一定會爭取，對老師形成了很大的困擾。

我因此完全不能瞭解目前的免試升學有什麼好處，在我看來，這種辦法，只有使孩子要更加用功。

政府也談到了最終的免試升學辦法，到了那個時候，可以以考試招生的明星高中少之又少，台北市也許只有一所建中，也就是說，將來的高中全部都是社區高中，國中生就在附近的高中就讀，你如住在板橋，就去念板橋高中，如果在師大附中附近，就去念師大附中，如此一來，學生幾乎沒有升學壓力了。在過去，你要想念師大附中，一定要用功念書，現在只要你住在師大附中附近，就可以進師大附中了。

問題來了。

問題（1）：有些偏遠地區根本沒有高中，只有一所

高職，是否這些地區的孩子一定要進這所高職呢？我曾問過很多人，沒有人能回答我的問題，他們都承認他們根本沒有想到這種偏遠地區的問題，他們腦子裡只有都會地區孩子所面臨的問題。

問題（2）：明星高中並未完全消失，他們仍可以招生了，因此可想而知的是，眾多的國中生一定仍然要拚老命補習。

問題（3）：即使高中入學可以實施免試入學，大學絕對不可能免試的，因此你如進入了師大附中，你心中知道你的學業程度不一定是非常好的，如果你想進台大電機系，你能在師大附中成天打籃球嗎？絕無可能，你一定會又去上補習班了，因為你知道，即使你現在在師大附中名列前茅，你可能仍然是很差的學生，所以你會更想進補習班。

問題（4）：畢竟大家仍想進入像師大附中這種高

中，所以你必須將戶籍遷到師大附中附近，這只有高收入的家庭可以做到，對低收入的孩子來說，這是非常不公平的。

問題（5）：這種消滅明星高中的做法，只能消滅公立的高中，台中的曉明女中和衛道高中，仍然會存在的，他們可以以考試來招生，因此他們可以招收到程度好的學生，但是這些私立高中收費很高，這又是一件對窮人家庭不公平的事。看來，將來只有有錢的孩子才可以念明星高中了。

問題（6）：學生程度的大幅滑落。如果實施徹底的免試升學，我國學生的程度一定會大幅度的下降。雖然我們痛恨我們的入學考試制度，但我們的這種制度，卻使得大多數的學生有一定的學業上程度，如果入高中不要考試，國中生自然會懶得念書，雖然進入高中，其實可能無法應付高中課程的。

雖然大家將免試升學當作一個了不起的辦法，事實上，很多後段班的高中早就免試升學了。這些高中因為少子化的原因而發生嚴重的招生不足現象。招生不足，有些高中只好什麼學生都收，基測分數極低的也收，根本沒有參加基測的國中生，他們也要收，所以我們可以說，這些學校早已實施免試升學了。

　　總而言之，免試入學實在是一件沒有什麼意思的事，不切實際，弊多於利，政府最好放棄這種想法。

二、甄試和申請入學對弱勢學生不利

　　為了減輕升學壓力，政府開放了甄試和申請入學的管道，當初的想法是為了幫助弱勢的孩子，因為弱勢孩子往往考試成績不太好，甄試和申請，加入了才藝的項目，很多學者以為偏遠地區的孩子雖然考不好，但往往在唱歌、跳舞、運動方面有特殊的才能，因此這種多元入學的機

制，可以幫助這一類的孩子。

這完全是一廂情願，首先，以電機系為例，電機系的課程的確是很難的，如果你的數學、物理和英文都不夠程度，即使勉強進入了電機系，也讀不下去的。所以電機系教授無法考慮到你的鋼琴技巧的，他們仍注意你的學業程度的。

至於音樂系和體育系，本來就有術科這一項，甄試和申請事實上也幫不上什麼忙。

可是，最糟糕的是，即使比才藝，也是富有家庭的孩子占了優勢，家庭好的孩子可以有能力學各種樂器，就以鋼琴為例，窮孩子家裡根本沒有鋼琴，也沒有錢請人教鋼琴，所以在這方面，他們又吃虧了。

無論甄試或者申請，都要很多費用的，首先是報名費用，這種費用至少一千元，如果你申請五所大學，就至少要五千元，這種入學，都要經過口試，學生必須前一天就

要住在大學附近的旅館裡，通常至少父母之一會陪同，旅館費加上來回火車票以及吃飯的費用，一次口試又要花上幾千元。這還不夠，他們還要準備各種文件，我常看到那些精美無比的自傳，都是彩色的，這些文件的製作，又要費用，對於弱勢孩子來講，甄試和申請都是他們完全無法利用的入學管道。

大學的入學考試，有兩個階段，第一階段是學力測驗，學力測驗成績好的，可以利用甄試和申請入學，成績不夠好的，就要參加指定考試，妙就妙在學力測驗比較容易，功課好的同學只要考這種比較簡單的考試，就大功告成，可憐的功課不好的孩子，反而要去參加相當難的指定考試，往往被羞辱一番。

我們國家在教育上的措施，出發點都是想幫助弱勢孩子，結果受益者往往是家庭環境比較好的孩子。甄試和申請是一個最好的例子。

三、技職體系學校的嚴重問題

我國技職體系的學校曾經有過輝煌的時代，台北工專和高雄工專的學生過去一直是工業界最喜愛的學生，因為他們都能夠動手做，有極好的所謂工程意識，絕不只是紙上談兵的工程師。可惜政府採取了一種政策，在這種政策下，好的專科學校升格為技術學院，好的技術學院升格為科技大學，而好的科技大學甚至會變成一般的大學。

這種政策明顯地表示政府是不重視技職體系的，因為現在如果有一所工專的話，這所工專一定不是很偉大的了，如果它偉大，它就一定已經升格到了技術學院了。在這種情況之下，誰能再認認真真地辦一個非常好的工專呢？

技職學校學生最大的優點是他們能動手做，可是現在的技職體系學校，卻變成了向一般大學看齊的學校，我們

可以說，現在的技術學院普遍地都呈現了以下的問題：

（1）因為技術學院想升格，他們的課程往往就會向一般大學看齊，也常用一般大學所採用的教科書，至於學生看不看得懂這些教科書，教授們無法管這個問題。

我曾經和一些科技大學的學生接觸過，他們是電機系的學生，電子學教授用的書是很多大學生最痛恨的電子學教科書，這本英文電子教科書是台、清、交學生所念的書，其難無比，即使台、清、交的學生，也並不一定弄得懂這本書的內容，一般技術學院的學生如何看得懂這種書？在過去，這所科技大學的學生看的電子書比較容易，但是內容都是關鍵性的基本觀念，對於所有學電子學的同學來講，這種書是很好的，在我看來，即使台、清、交的學生，也應該看看這種內容比較淺的電子學教科書，現在科技大學的學生捧了這本非常難的書，根本學不到什麼。

（2）本來專科學校是有它們的特色，但是現在已經

升格成了大學，當然就要努力地和一般大學看齊，反而使它們失去了特色。它們其實永遠無法和一般大學在學術上一爭長短的，但是它們現在又已不再重視技術了。技職體系的學校變成了四不像，非常難討好。

我們必須重視技職體系的學校，因為一個國家不能完全靠工程師的，一家工廠當然需要很多極為優秀的工程師，但也需要相當好的技術人員。如果我們要造一架噴射機，恐怕90％的工程人員是技術人員，而非工程師。我國如此嚴重地忽略了技職體系的教育，絕非良策也。

四、對技職教育的建議

技職體系的教育，如果說有問題，也不能完全怪政府，時代一直在變，技職教育本來就應該有所變革，因此，我在此對技職體系教育提出一些建議：

（1）我們必須坦白承認，技職體系教育的優點應該

是學生學會了一技之長，但是，這也可能是一大缺點，因為學生可能只學會了「一」技，萬一這一個技術被淘汰掉了，這個學生也就失業了。

茲舉一例，在過去，「打字」是一個很不容易的技巧，我的打字技術很不好，打英文論文時吃盡了苦頭，有時只好找人打，像我這樣的人很多，打字員因此也就很吃香，有很多打字行專門替人打字。可是，現在誰都會用電腦所提供的軟體打字，這種軟體非常容易用，打錯字極容易修改，我現在已經完全不用依賴別人打字了。如果在一所學校裡，花了很多時間只學會了打字，現在一定已經失業了。

在超大型積體電路設計開始的時候，積體電路的布局是要靠人工的，這種工程師也因此非常吃香，因為好的布局是積體電路設計的重要關鍵，可是，現在大家都用電腦輔助設計軟體來布局，布局的結果一定超過人工布局，因

此當初的布局專家，一夕之間又要失業了。

所以我的第一個建議，就是請技職學校仍要注意基本課程，所謂基本課程，其實就是國文、英文和數學。

為什麼我要大家注意國、英、數呢？道理很簡單，我們之所以能改行，是因為我們的基本學問不錯，我本人就是一個很好的例子。我在大學只學過真空管，畢業後數年內，真空管就被電晶體所取代，如果我不能轉行，畢業即失業。我之所以能夠轉行，還不是因為我的國文、英文和數學，都已不錯，因此可以自學，然後可以轉行。而技職體系的學生，往往在國、英、數上比較落後，因此也就往往不太能夠自學，當然也就很難轉行了。

問題是，在技職體系學校裡，國、英、數絕不能教得太難，而是要注意最基本的部分。以國文為例，我們實在不必要求學生會寫非常美的文章，但是一定要要求學生的文章每一句話都是通順的，我個人有時看到一些文章，並

無別字，可是句子可能完全不像中文的樣子，學生如果一直寫出這種文章，將來當然吃虧很大。

數學也是一樣，如果學生程度不夠好，就不要教難的部分，但一定要將基本的學會。以微積分為例，大多數的大學都在一年內將微積分教完，在技職體系的大學，其實不妨將微積分在兩年內教完，慢慢地教，但是該教的都教了，而且也要對學生嚴格地要求，每週必定要做習題，每週必定有小考，這種教法，可能會被人笑，但是，兩年下來，這位學生絕對微積分學得不錯了。

英文呢？技職體系同學的英文程度一般都不太好的，如何能提高程度呢？我的建議很簡單，學生每週都念一篇英文文章，下一週就要考這篇文章裡的生字，也要學生能將文章裡的句子譯成中文，如果學生不會翻譯，就表示他根本就沒有搞懂。如果學生的程度不夠好，不妨將目標訂為會看英文書，而不一定會寫很好的文章。這個目標看似

簡單，要達成也不容易，但是，任何一個學生，如果每週都讀一篇英文文章，而且每週都被考一次英文單字，四年下來，他一定會看英文書了。

（2）注意學生的人文素養。

技職體系的學校，好像一直沒有注意到學生的人文素養。有一次，我去台中的某音樂廳參加一個古典音樂的音樂會，會場裡大多數是高中生，我問主辦單位，有沒有高職學生參加，他非常驚訝我會問這個問題，因為他根本腦子裡就沒有想到過高職學生，當他們發通知給各所學校的時候，也忘了高職，這究竟是誰的錯，是音樂會的主辦單位，還是高職本身？我必須說，高職往往要負很大責任的，因為的確很多高職不太注意學生的人文素養，總認為一個孩子如果要學修理機車，他怎麼會想聽柴可夫斯基的音樂，他又怎麼會想去看像《單車失竊記》這類的電影，更怎麼會想去看《咆哮山莊》這類的小說。就因為有這種

想法，很少高職會鼓勵他們的學生聽古典音樂，看文藝電影或者看經典小說，長此以往，高職學生在這方面吃了很大的虧，他們以後在職場，也會因為拙於言談而無法得到升遷。

人文素養不僅是一個修養的問題，有時我們的職校學生，因為書看得不多而普通常識不夠，因此也就往往缺乏判斷力，這當然是更加嚴重的事。我們不能因為學生對人文素養沒有興趣，因此不注意培養學生適當的人文素養，正因為學生對這些有關人文素養的教育沒有興趣，技職體系的學校更應該注意學生的人文素養。

（3）仍需注意技術。

顧名思義，技職體系學校是應該注重技術的，但是我們的技術學院和科技大學有越來越無法重視技術的趨勢。因此，我要在此提出我對技術的觀念，和工學院學生比較起來，如果說技術學院和科技大學注重技術，絕非不重視

學理，而是強調動手做。以機械系學生而言，現在很多機械系學生完全只知理論，而不會動手修任何機械，重視技術，就是要強迫學生不怕機械。電機當然也是如此，很多學電機的工學院學生對電機沒有什麼感覺，任何事情好像都要求諸理論。技術學院的學生一定要使他們的學生和工學院的學生有所區隔。

五、對後段學校的建議——前測和後測

最近，由於我國的少子化現象以及廣設高中、大學的政策，我們有一些學校所收來的學生程度的確不太好。我們千萬不要以為這些學校辦學不力，我國目前有這麼多的學校，一定會有這種現象的。

但是，這種現象卻使很多學校的校長們感到十分沮喪，他們發現很難和那些已經很有名的學校比，無論他們如何努力，看起來他們一直不會產生什麼傑出校友。有時

有一些人還會對這些學校冷嘲熱諷。

我在此向這些學校做一建議：我們的任務仍是將學生教好，所以問題在：如何能知道學生們的確在學校內學到了不少的東西。我們可以在學生到校的時刻，做一前測，在學生離校的時候，再做一後測。從前測和後測的結果中，我們就很容易地看出教學的成效來。

我以英文為例來說明我的想法，我們可以給新進學生一篇英文的文章，然後請同學將它譯成中文，我敢說，相當多的學生是完全不會譯的，不僅英文生字不會，即使生字都知道了，句子仍然看不懂。沒有關係，校方應該保留這份考卷，這就是前測考卷。學生離校時，校方不妨再考一次，所謂後測也，一樣難易的文章，看看學生這一次能不能看懂了。如果後測的結果比前測的好得多，我們就可以下一結論：我們的學生在學校裡受了很好的教育。

以上僅僅是一個例子，以說明前測和後測的意義。一

所學校的好壞，不應該看有沒有產生了非常傑出的學生，而是要看它的學生有沒有進步。對於後段班的學校，這反而是一個好的機會。

但是，要將一個學生從不太好教到還不錯，並非易事，就以英文來講，如果一所大學開了幾門課，就以為學生會大有進步，那是自欺欺人。現在，很多大學訂了門檻，說學生一定要通過某種檢定考試才能畢業，事實上這些學生大多數都通不過，學校又不能不讓他們畢業，因此學校又訂了一個辦法，規定凡是通不過的同學，一概可以修某一門英文課，那門英文課的老師通常知道這是怎麼一回事，也就會讓同學及格。

如果真要將一位同學的英文教好，恐怕每一學期都要上英文課，每一週都要考學生生字，每一週都要考學生能不能正確地翻譯英文的句子，每一週都要看同學能否將中文句子翻譯成英文句子。一開始，一切不妨都容易一點，

比方說，讀的文章可以比較容易，要背的生字比較簡單，英文句子不要太長，中文句子也不妨是簡單，然後逐步加深。如果這種教法持續很久，再差的學生也會有進步的。

這種前測後測的觀念並不是只可用在英文上，另一個好例子是學生的寫程式能力，我經常發現有些學生號稱是資訊系畢業的，卻不會寫程式，這種學生有什麼競爭力呢？他也許學會了一些管理方面的學問，但誰要請一位毫無經驗的人去管理呢？我有的時候會忍不住告訴那些系主任，說他們系上有很多學生不會寫程式，但我發現那些系主任都無所謂，對他們而言，他們的任務是要開足夠的課，至於學生有沒有從這些課程中學到什麼，他們似乎毫不關心。

大學仍要有品質管制的，如果我們所有的大學生全都是菁英分子，品質管制並不重要，可是目前我們的大學生並非全都是菁英分子，因此我們唯一的辦法就是要問我們

自己一個問題：我們的學生究竟學了什麼？

六、談品德教育

　　政府好像很重視品德教育，社會一般人士也是如此，每次有人來訪問我，一個標準問題一定是「我們年輕人品德越來越有問題，怎麼辦？」我的標準答案永遠是「你有什麼證據說我們的年輕人品德越來越有問題？」每次，我都得不到答案，因為問我的人其實也沒有證據，他們僅僅是人云亦云而已。

　　我一直認為我們的年輕人並沒有什麼特別的品德問題，現在的年輕人有的問題，我們這些老人過去也曾經有過。比方說，現代的年輕人很好玩，我年輕的時候也好不到哪裡去。有人說現在的年輕人念書不用功，我年輕的時候又何嘗真正用功過。我過去念的是電機，可是我當時就沒有完全搞懂電機工程師該有的觀念，我是在最近才逐漸

地搞懂的。

雖然絕大多數的孩子沒有太多的品德問題，我們必須承認，在我們的國中裡面，的確有不少快被邊緣化的孩子，通常他們的功課都相當不好，家境也相當不好。他們上課的時候聽不懂老師講什麼，考試的成績當然不好，久而久之，他們在學校裡逐漸地脫離了主流，如果這時社會裡的不良分子和他們接觸，他們也就變成了社會裡的問題人物了。

每年夏天一到，飆車族就會出現，這些人大多數是青少年，他們會是建中或是附中的學生嗎？絕不可能，他們多數是中輟生，中輟生是我們最該同情的孩子，他們功課不好，知道自己念不成國立高中，但家境不好，當然念不起私立高中，只好不念書了。他們年紀很輕，照說根本不能就業的，何況又沒有一技之長，在沮喪的心情之下，難免會聚在一起，糊里糊塗地做出壞事來。不僅如此，他們

找工作很困難，但是要找與黑道有關的工作卻很容易，所以這些孩子就極有機會慢慢地和黑道掛鉤了。

即使在學的學生，只要是功課不太好，而又家境清寒的，常已被黑道吸收了。有一些後段班的學校裡，忽然有一些同學穿黑色西裝到學校來上課，教官當然會去查，一查就知道，當天有大哥出殯，小弟們要去送葬來撐場面，碰到這種情形，一般老師真的只敢假裝沒有看見，教官是軍人，黑道比較不會挑戰軍人，也只有教官才能應付這種情形。

如果要講品德教育，就應該勇敢地注意這些快變成社會邊緣人的孩子，對於這些孩子，給他們看勵志的書，告訴他們貧困沒有關係的，因為「天將降大任於斯人也，必先苦其心志，勞其筋骨……」，這種話是沒有用的。

對這種孩子，我們第一件要做的事是使他感到有人愛他，有人關懷他。任何人都有一個弱點，那就是渴望愛與

關懷，弱勢孩子更有這種渴望。他們也許會拒絕老師的道德勸說，但他一定無法拒絕老師對他真誠的愛與關懷。

但是愛與關懷必須與行動配合，如果我們真的希望孩子重回主流社會，就應該認真地在功課上幫助他，比方說，使他多認得國字，多背幾個英文生字，至少學會數學裡最基本的規則，假如他實在程度太差，不妨多多讓他至少學一些技術，最重要的是要使孩子對自己有信心，不能讓他覺得將來一定不可能在社會上立足。

一旦孩子感到老師對他的愛，老師就可以乘虛而入。給他一些建議呢？那當然要視情況而定，我的經驗是用負面表列的方法，也就是說告訴他們不可做的事，像不要吃檳榔、不要抽菸、不要喝酒、不要吵架、不要和壞人來往，也要告訴他們和壞人來往的可怕下場。小孩子會不會聽你的話呢？如果他感到老師虛情假義，沒有真心愛他，他一定懶得聽老師的說教。但如果他感到老師對他的愛與

關懷，他極有可能會聽老師的勸告的。

　　我們國家這種孩子畢竟是少數，要拯救他們，也不會是非常困難的工作，品德教育的重心應該完全在這些孩子的身上。雖然這些孩子人數不多，但如果他們真的成了社會的不良分子，他們對社會所造成的損害卻是絕對嚴重的。去年，一對新竹的年輕人，在南寮地區散步，居然被一群不良少年殺了，我們痛心這一對青年男女的遭遇，但我們更應該痛心有這麼多的不良少年，這些孩子都是中輟生，如果當年有人關心他們，也許他們現在不會變成不良少年的。

七、學校不該太媚俗

　　過去，學校是一個非常嚴肅的地方，對學生來講，老師往往極有威嚴，學生對老師極為敬畏，也就因為過分地敬畏，有時反而不太從內心深處聽從老師的話，也就是

說，老師很難感動學生的。

由於一些新的教育思潮，很多學校想拉近老師和學生的距離，這是一件好事，老師如果能成為學生的好朋友，學生當然比較會聽老師的話。只是有時學校似乎做得過火，以至於學校開始有媚俗的行為。

以畢業典禮為例，我一直以為任何學校的畢業典禮，都應當是莊重的，可是，現在很多學校的畢業典禮越來越走「學生」路線，越來越要使畢業典禮像一個嘉年華會，有校長出來跳天鵝湖，以娛學生和家長，學生致詞，變成了兩位學生在講相聲，相聲的內容當然是講笑話，司儀也往往是由兩位同學在互相講一些俏皮話。

我最受不了的是所謂的親善大使，大學當然會有典禮，畢業典禮是其中一項，贈予榮譽博士學位也會舉行典禮。為了招待來賓，大學會派出一些學生，這些學生中的女生一概穿長旗袍，腳踩高跟鞋，男生一概穿黑西裝，打

深色領帶，戴白手套。令我不安的是他們會裝出一種皮笑肉不笑的表情來歡迎嘉賓，更可笑的是他們的「請往這邊走」的手勢都是全國一模一樣的，這種長旗袍、高跟鞋令我想到飯店的服務生。我不懂為什麼大學要搞這種玩意兒，大學的典禮應該力求莊重，大學生也應該保持自己的尊嚴，有的時候，我們很多大學都不知道典禮應有的莊嚴和大學生應有的尊嚴。

我曾經去參加過一次某一個系的學術活動，沒有料到的是活動之前有一場啦啦隊的表演，啦啦隊當然是值得看的，但是我們該在學術性活動以前表演啦啦隊嗎？我想誰也說不出來為什麼要如此做，唯一的理由恐怕就是我們太媚俗了。

我忍不住在此建議大學的負責人看看諾貝爾獎的頒獎典禮，或者天主教的彌撒、俄羅斯總統在克里姆林宮的就職大典。這些典禮實況在網路上都找得到，也都強調莊

嚴。

　　所幸我的母校台大仍保持典禮的莊嚴性，我曾去參加過台大授與王文興教授榮譽博士學位的典禮，沒有穿長旗袍的親善大使，也沒有司儀在講笑話，我以我的母校為榮。

李家同談教育：希望有人聽我的話

2010年5月初版　　　　　　　　　　　　　　　定價：新臺幣280元
2014年6月初版第七刷
2018年10月二版
有著作權・翻印必究
Printed in Taiwan.

著　　　者	李	家	同
叢 書 主 編	黃	惠	鈴
編　　　輯	張	倍	菁
校　　　對	吳	淑	芳
內 文 排 版	陳	淑	儀
封 面 設 計	李	韻	蒨
封 面 攝 影	陳	立	凱

出　版　者	聯經出版事業股份有限公司	總 編 輯	胡	金	倫
地　　址	新北市汐止區大同路一段369號1樓	總 經 理	陳	芝	宇
編輯部地址	新北市汐止區大同路一段369號1樓	社　　長	羅	國	俊
叢書主編電話	（ 0 2 ） 8 6 9 2 5 5 8 8 轉 5 3 1 2	發 行 人	林	載	爵
台北聯經書房	台 北 市 新 生 南 路 三 段 9 4 號
電話	（ 0 2 ） 2 3 6 2 0 3 0 8
台中分公司	台 中 市 北 區 崇 德 路 一 段 1 9 8 號
暨 門 市 電 話	（ 0 4 ） 2 2 3 1 2 0 2 3
郵 政 劃 撥 帳 戶 第	0 1 0 0 5 5 9 - 3 號
郵 撥 電 話	（ 0 2 ） 2 3 6 2 0 3 0 8
印　刷　者	世 和 印 製 企 業 有 限 公 司
總 經 銷	聯 合 發 行 股 份 有 限 公 司
發　行　所	新北市新店區寶橋路235巷6弄6號2F
電話	（ 0 2 ） 2 9 1 7 8 0 2 2

行政院新聞局出版事業登記證局版臺業字第0130號

本書如有缺頁，破損，倒裝請寄回台北聯經書房更換。　　ISBN　978-957-08-5190-8 (平裝)
聯經網址 http://www.linkingbooks.com.tw
電子信箱 e-mail:linking@udngroup.com

國家圖書館出版品預行編目資料

李家同談教育：希望有人聽我的話/
李家同著 . 二版 . 新北市 . 聯經 . 2018.10
232面 . 14.8×21公分 .
ISBN　978-957-08-5190-8（平裝）
[2018年10月二版]

1.教育　2.文集

520.7　　　　　　　　　　　107016944